谈古论今游山西

赵晋蓉◎著

山西出版传媒集团 山西教育出版社

晋祠风光

◆ 晋祠周柏

◆ 晋祠银杏树

五台山风光

◆ 云冈石窟佛像

◆ 解州关帝庙结义园

◆ 运城盐池

◆ 黄河大铁牛

目 录

晋祠的树

晋祠是山西省太原市的一处旅游胜地。凡是到太原来游览、探亲、出差的人，都要到晋祠去看一看，好像没有到过晋祠就没有来过太原似的。晋祠虽然面积不大，但却历史悠久，且久负盛名。这里的一山一石、一树一木、一砖一瓦，都有上千年的历史。我把它作为第一篇，就是因为它有名，它是外地游客的必去之地，也是本地不少市民节庆之日或闲暇之时，举家游览的首选之地。它的名字中有一个“晋”字，这在全国都不多见。“晋”乃山西的简称。在山西，“晋”字是使用频率最高的字之一。

游览晋祠，导游会给你讲很多与晋祠有关的故事。这些故事大多与太原这座有着2500年历史的城市相关联，与这座城市里的人相关联。

晋祠的“难老泉”，1000多年来，一直是晋祠的标志和骄傲。在山西省这样的黄土高原上，难得有这么大的泉水。20世纪50年代以前，晋祠公园附近的平泉村，不需要任何的现代抽水设备，汩汩的泉水凭空能冒出地面将近1米高，人们称之为“平地泉水”，实为当时的一景。据说当年人们就是看到这个村子平地上处处是泉眼，处处都可以冒出泉水来，才将它叫作平泉村的。后来，随着太原市西山煤炭的大规模开采，煤矿周边的水位随着煤矿开采深度的增加而逐渐降低，直到泉水难以为继。平泉村再也见不到泉水，晋祠的泉水也由原来的喷涌而出变为缓缓漫流，人们这才警觉起来，当地的领导这才行动起来。最近几年，为了保护晋祠的泉水，山西省人民代表大会还制定了专门的保护条例，附近的深井全部封闭，附近的煤矿也全部关闭，但为时晚矣。时至今日，晋祠的泉水只能勉为其难地流出那么一小股。可想而知，大自然对我们的惩罚是多么的严酷，你损毁它一时，它报复你一世。

因为有这么一股好水，晋祠周边的村庄，以前一直出产非常有名的晋祠大米。晋祠大米的特点是软、糯、香、甜，太原市民和周边的老百姓都特别喜欢吃。现在，大家都难以见到真正的晋祠大米了。

晋祠的最大亮点还是圣母殿内的宋代泥塑彩装雕像。这43尊雕像，造型生动，姿态自然，形象逼真，是我国古代雕塑艺术的珍品，被誉为“古今中外历史上最伟大的雕塑作品之一”。对这些宋代雕塑，专家们也是评价不一。有的专家认为这是宋代最有代表性的也是最好的雕塑作品，有的专家认为这些雕塑与大同市下华严寺的雕塑相比，还有一定的差距，下华严寺的雕塑似乎更胜一筹。郭沫若就是持后一种看法的学者之一。受他的影响，中国国家邮政局在20世纪70年代，选取了大同下华严寺的四尊佛像，出了一套《中国古代雕塑》的特种邮票。这套邮票发行后非常受欢迎，至今仍然是集邮爱好者们竞相收藏的珍品。

晋祠圣母殿前是“鱼沼飞梁”。这是一个方形的荷花鱼沼，却在沼上架了一个十字形的飞梁，下由34根八角形的石柱支撑，桥面东西宽阔，南北翼如。这个飞梁与我们现代的立交桥好有一比，只是比现在的钢筋水泥结构的立交桥要早1000多年。20世纪30年代，著名建筑学家梁思成考察“鱼沼飞梁”后说：“此式石柱桥，在古画中偶见，实物则仅此一孤例，洵为可贵。”

说了这么多，我还没有提到树。

晋祠的树，是晋祠的标志之一。郭沫若在第一次考察晋祠后曾写诗赞美道：“圣母原来是邑姜，分封桐叶溯源长。隋槐周柏矜高古，宋殿唐碑竞炜煌。悬瓮山泉流玉磬，飞梁荇沼布葱珩。倾城四十宫娥像，笑语嘤嘤立满堂。”这里面就提到了晋祠有名的周柏、隋槐。

在圣母殿的西侧，长着两棵生机盎然的古老柏树，这两棵古柏的树龄都在3000年以上，它们就是晋祠有名的周柏。西边的一棵，稍年长，由于年龄大，它似乎总想找个小的扶一扶、歇一歇，因而它向圣母殿倾斜着。东边的一棵比西边的年龄小一些，它似乎明白这位兄长的心意，伸出臂膀用力托举着这位兄长，好让它斜靠得更舒服一些。

这两棵古老柏树，相扶相依，走过了3000年岁月。3000年啊！如果以20年为一代的话，3000年就是100多代。3000年前我们中华民族还没有走出奴隶制社会，这不能不说是一大奇观。游览晋祠的人们，大半都会来看望这对老兄弟，向它们表达自己的敬意。

在晋祠公园内，隋槐应该是主力军。这里的隋槐不但数量多，而且一棵棵长得分外健壮，它们分布在公园内的许多地方，以巨大的树冠为人们遮阴蔽日。盛夏时节，一走进晋祠公园的大门，游客们就可以感受到大槐树带来的清凉。因为隋槐数量众多，因而不是很突出，也不是很醒目，它们只是默默地为游览的人们遮挡夏日的骄阳，让游客们可以舒适地坐在树荫下，或漫步在晋祠公园内，听导游讲述一个个古老的故事，享受远离城市喧闹的那份清凉和宁静。

在晋祠公园的一个角落里，有两棵不起眼，也不雄伟高大，但却格外粗壮敦实的银杏树。这两棵银杏树，树龄都在600年以上，人们称之为明朝银杏。银杏树是异株繁殖，要想开花结果，必须同生同长。不知是当年就种了这么两棵，还是当初种了许多，历经几百年沧桑，就剩下了这一对老“夫妻”。说到银杏树，我忽然想起了山东曲阜孔府院内的银杏树，那些银杏树长得非常高大，远远高出孔府宅院房顶，从很远处就可以看见它们的身姿。而晋祠公园内的这两棵银杏树像是一对耄耋夫妻，相濡以沫，相互扶持，生活在这片土地上。

银杏树结的小银杏果是可以食用的，只是在食用前要经过很好的处理，否则会中毒。现在，许多饭店都有用银杏果做出的各种菜肴，很好吃，也很有特色。

在晋祠圣母殿东侧的一片开阔的草地上，长着两棵高大、粗壮的杨树。写到这里，我也觉得很奇怪，怎么都是两棵呢？难道自然界的植物也和人类一样，有家庭或者类似的组合吗？难道自然界的植物也有“恩爱夫妻”的说法吗？大自然有许许多多的未解之谜，这不会也是其中的一个吧！

导游告诉我们，杨树不是长龄树种，这两棵大杨树已有 60 多年树龄了。他还说，这两棵大杨树是中华人民共和国成立初期，陈毅元帅种的，我对这位导游的说法持有异议。1949 年上海解放以后，陈毅元帅任第三野战军司令员兼上海市市长。当时上海百废待兴，社会各界嗷嗷待“哺”，敌情我情都万般紧急。尚不说陈毅作为一市之长，有没有时间来山西游览，即便中央真有什么特殊任务，非让陈毅来山西处理，陈毅也一定是来去匆匆，未必有时间和精力到晋祠。陈毅要来山西，也应该是在 1953 年之后，那时他已卸去上海市市长职务，升任国务院副总理，协助周恩来分管外事工作。后来周恩来辞去外交部部长职务，陈毅担任国务院副总理兼外交部部长。

不管是何人所种，这两棵杨树，在晋祠这块风水宝地上，长得郁郁葱葱，雄伟高大，是我见过的杨树中长得最高大的。两棵树都近 30 米高，树干通直无叉，远远高出周围的大槐树和别的树木，就像两个守卫晋祠胜地的大将军。

陈毅来过山西，到过太原。20 世纪 50 年代中期陈毅游览晋祠公园时，还应邀为晋祠公园题写过“晋祠”的匾额。历朝历代，为晋祠题词写诗的大有人在，即便是中华人民共和国成立以后，也有很多名人在游览过晋祠以后，抒发胸臆，提笔写诗作画，展示才华。郭沫若等人就都在晋祠留有真迹。

提到晋祠，不得不说起另外一位老人，他的花草树木不是长在土地上，而是长在宣纸上的，他就是我国著名的国画大师董寿平老先生。董寿平是山西省临汾市洪洞县人，洪洞县是传统剧目《玉堂春》的故事发生地，也是大家熟知的“问我祖先在何处？洪洞县里大槐树”中所指的寻根之地。元朝末年绵延不绝的战乱，使得我国的许多地方人烟稀少。明朝初年，朝廷实行了一项移民政策，把人口数量比较多的地方的人，组织迁徙到人口数量少的地方。山西省洪洞县是朝廷迁移人口的集中地和出发点。大人们出发时为了让孩子们记住老家的标志，就指着集中地的一棵大槐树告诉孩子们，记住这棵大槐树，这里就是咱们的老家。因此就有了“洪洞县里大槐树，大槐树上老鸹窝”的永久性记忆。董寿平老先生就是洪洞县人，他虽自幼外出学习，但对自己的家乡一直怀着深深的眷恋，尤其是步入老年以后，他总想把自己的成就带回山西。为了了却董寿平老先生的心愿，山西省在晋祠博物馆内专门修建了一座董寿平美术馆，里面收藏了董寿平先生的两百余幅传世佳作，定期轮换展出。董老先生擅长画松、竹、梅、兰。董寿平的大作品中，关于松树、竹子的最多；美术馆的展品中，关于松树的最多。这些松树耸立于高山之巅，周围云雾环绕，很有气势，也很耐人寻味。我们说到晋祠的树，就不能不提到董老先生的松树。

中国有句谚语：“十年树木，百年树人。”可以说树木亦是树人，树人亦是树木，人有品格风采，树亦有风采品格。

其实，晋祠还有很多国宝级的文物，如唐太宗李世民的手书碑刻，中国现存较大的明清戏台——水镜台，金人台上宋朝铸造的铁人，等等，我这里就不再细说了。

五台山（一）

五台山，又称清凉山，是世界五大佛教圣地之一，位列中国佛教四大名山之首。

据说，2500 年前，佛祖释迦牟尼带领众弟子在空中巡游，看到了五台山，感觉五台山的地形、地势和自己在印度创立佛教时的灵鹫山几乎一模一样，而且灵气十足，断定是佛教造化之地，就指定把五台山作为自己的第一大弟子文殊菩萨的道场。我们仔细看五台山，东、南、西、北、中五座山峰，高度均在海拔 3000 米上下，几乎是等距离分布在这一片山峦的中心位置，再加上外围的山头，层层叠叠，如果从空中巡看，整个五台山的五个台顶就像一朵盛开的莲花中间的五个花瓣，周围略为低矮的山峰簇拥在主峰周边，衬托出主峰的高大，构成了一层层外圈的花瓣，越到外围越低。更奇妙的是，在五座主峰的中间有一个小小的“花蕊”，非常突出，非常醒目，也非常别致，这就是菩萨顶。菩萨顶与五个台顶之间的直线距离虽然不完全相等，但也相差不多。可见，五台山是佛祖莲花宝座的说法绝不是空穴来风，五台山的灵气和佛教渊源，仅从地理学的角度来看，就是独占鳌头、不言而喻的。

东汉永平年间（58—75 年），五台山出现了第一座寺庙——大孚灵鹫寺，也就是现在的大显通寺。大孚灵鹫寺是继洛阳白马寺之后中华大地上出现的第二座寺庙。洛阳城是人口集中地，是当时中华大地上数一数二的大城市，白马寺紧靠河南洛阳城，自然热闹非凡。而五台山在山西的深山老林中，远离人口集中地。近 2000 年前，在人烟稀少的大山深处修建佛教寺庙，只能说是佛缘深广，很难有别的解释，所以众多史籍记载五台山是佛教圣地，一点都不为过。从东汉永平时期到现在，将近 2000 年的岁月。这期间，随着佛教在中国毁毁兴兴，五台山落落起起，阅尽中华大地的沧桑，但它在中国佛教界的至尊地位始终没有改变！

在佛教经典《大方广佛华严经》六十卷中载：“东北方有菩萨住处，名清凉山，过去诸菩萨常于中住。彼现有菩萨，名文殊师利，有一万菩萨眷属，常为说法。”《华严经疏》记载：“清凉山，即代州雁门郡五台山也。”这是佛教经典中的记载，是佛教信徒们每天都要颂唱的经典中的记载。

五台山自东汉永平年间（58—75 年）建寺庙以来，北魏孝文帝在大孚灵鹫寺周围兴建了 12 个寺院。北齐时，五台山寺寺相连，庙庙相望，一时间，中华大地上所有的佛教宗派都在五台山汇集。华严宗、唯识宗、净土宗、密宗、禅宗、天台宗、摩法宗等，佛教的许多宗派教义在五台山竟相传播，交流融汇。世界各地的信徒，包括印度、尼泊尔、日本、朝鲜、越南、缅甸、斯里兰卡等国的僧人都纷纷前来礼拜五台山。这不是哪个人决定的，也不是朝廷故意安排的，这一切都是自然而然形成的，是那个年代广大信众的一种自觉的行为。

随着信众的集聚，五台山在佛教界的地位不断提高。从汉明帝敕建五台山大孚灵鹫寺始，除了一些特殊时期，五台山佛教界一直备受皇家恩宠，建寺庙、赐宝物、传圣意，历几朝而不衰，经几百年而更盛。到了清代，五台山更是成了名副其实的“皇家道场”。五台山佛寺众多，规模盛大，气势宏伟，影响深远，是其他佛教圣地无可比拟的。

《敦煌石室遗书》中的佛教史籍记载：“昔人颂宇内灵奇之境，恒言五岳之外，复有三山，盖谓五台、峨眉、普陀也。三山皆因佛迹显，而五台尤以山辟最早，境地最幽，灵贶最赫，故得名独盛。”五台山与四川峨眉山、浙江普陀山、安徽九华山并称为中国佛教四大名山。在这1000多年里，佛教名山由一座增加为两座、三座乃至四座，这是佛教在中华大地上影响力逐步扩大的明证。这四大佛教名山中，只有五台山是大乘佛教汉藏两大体系共同确认的文殊菩萨说法的道场。在大乘佛教里，文殊菩萨是助佛弘法的首席菩萨。

大家都知道，浙江的普陀山是观音菩萨的显迹圣地。唐咸通四年(863年)，也就是距今1100多年前，日本僧人慧萼不远数千里，从五台山文殊菩萨道场迎得一尊观音菩萨像，准备乘船由舟山莲花洋回日本。据传，当他到达普陀山下的海边时，连续三天，狂风大作，海浪滔天，不能前行，他只能下船结庐焚香供养菩萨。到了第四天，海上风平浪静，慧萼准备再度出发。待他走到海边一看，不觉大吃一惊，整个海面上，目之所及，一层层海浪变成了一层层铁犁铧，而且是犁尖朝上，锋利无比。不只不能行船，就是行人也分毫不能前进。慧萼仰天长叹，观音不肯去啊！随后在普陀山他结庐的地方，修建了不肯去观音院，由此又开创了一处，后来就成为佛教圣地普陀山观音菩萨道场。

浙江省杭州市名气最大的寺庙灵隐寺，是道济和尚出家的地方。道济和尚也就是济公，民间流传着许许多多有关他的故事。

灵隐寺修建得非常宏大漂亮，寺中还建有五百罗汉堂。五百罗汉堂正中的铜殿供着四大菩萨及其道场四大佛教名山。民间关于这四大名山有“金五台、银峨眉、铜普陀、铁九华”的说法。金、银、铜、铁在中国人眼里，差别是相当大的，可以想见，五台山在佛教界的地位是无比崇高的，是别的地方无法超越的。被册封为国师、总管内蒙古喇嘛事务的章嘉三世，在他所著的《圣地清凉山志》中，把五台山与尼泊尔蓝毗尼圣园，印度鹿野苑、菩提伽耶、拘尸那迦并称为世界五大佛教圣地。只可惜，时至今日，其他几大佛教圣地已基本颓废了，信徒散落，建筑倒塌，早已看不到历史上繁盛时期的风采与景况。现今说来，唯有五台山仍然一枝独秀，坐领风骚，拥有像伊斯兰教的麦加一样神圣的地位，被尊为“东方佛都”。

五台山在佛教界的至尊地位，在另外一个佛教文化圣地得到了充分印证。敦煌石窟以精美的壁画和塑像闻名于世，是佛教艺术的宝库。在敦煌石窟现编第61窟正壁绘有敦煌莫高窟最大的佛教史迹画《五台山图》，为了保护这幅大唐盛世留下的宝贵作品，第61窟一般不对公众开放，只在研究人员需要时才给予短时期、小范围的开放。

在这幅巨型的《五台山图》上，可以清晰地识别出大唐盛世五台山佛寺的分布状况。大唐时期的大孚灵鹫寺就是现在的大显通寺，大佛光寺就是现在的佛光寺，明月池、狮子窝，现在仍然沿用的是1000多年前的名字，也就是说，至少有十几处寺庙和历史遗迹的名字千百年来未曾变过。

在敦煌石窟的《五台山图》上可以看到，那时有三条路可以上山朝圣；一条路称之为河东道，应该说就是现在的忻州—五台县—台怀镇这条路；另外一条路叫河北道，应该是从河北阜平经山西盂县从东边上五台山的路；还有一条从怀仁、应县经沙河镇上五台山的路。准确地讲，1000多年来，这三条路虽有变化，但变化不大。在去五台山的高速公路尚未修通前，这三条路我都走过多次，每次去都会有新的体验。每次去都能看到藏族信众亦步亦趋、磕着等身长头上山拜佛，看到蒙古族信众牵着牲口上山拜佛，看到许许多多的汉族信众操着南腔北调上山拜佛。

人们都知道，山西是中国古建筑艺术的“博物馆”。在山西，中华五千年文明史是实实在在的，它沉淀于一座座历经千百年的古代建筑之中，传续在一条条生生不息的中华文化发展的道路上，铭记在无数为之奉献的奋斗者的心里。

五台山（二）

在上一篇文章中，我主要介绍了有关五台山的一些传说、一些相关的历史遗迹。下面我主要介绍一些与五台山有着紧密关系的人物和史事。

在全国的寺庙群中，五台山是少有的几处青庙、黄庙并存的地方。

大乘佛教在中国分为汉传、藏传两大体系，人称青教、黄教，这两大体系在许多地方都分得清清楚楚，它们各自传教。但是，这两大体系都汇聚于五台山，共存共荣。在首都北京，青庙、黄庙也都有，一是因为北京是首都，各种宗教和宗教里面的各门各派都会在这里寻找展示的机会；二是因为各地的教徒都汇集在这里，为了满足信徒们的不同需要，各门各派就都在此设朝拜之处。当然，在历史上，五台山也是各门各派的朝拜之地，直到现在，人们都可以在去五台山的公路上，看到朝山的佛教信众，尤其是藏族的信徒，他们三五相随或一人独往，在路上磕着等身长头，边走边磕，走几步便伏下身子，五体投地，倾心向佛，很是虔诚，很是坚定，从容不迫，一丝不苟。所以说，从古到今，汉、满、蒙、藏、土等各族信徒在五台山同颂佛经，显教、密教代代相传，构成了同宗万派一山共传的独有现象。

自元代以来，五台山吸引了众多藏传佛教的领袖人物前来讲经弘法，如八思巴、胆巴帝师、释迦也失、章嘉国师等。蒙古王公每岁朝山，带着自己家族的驼队，带着丰厚的供品和大量的金银，上山供奉布施。据五台山的老人们说，蒙古王爷大都带着几大驼架银元，带着大批的随从人员上五台山。他们上山以后就到各个寺庙去礼佛，每进一座寺庙，供奉的银两都会很多，尤其是进了罗睺寺，在开花现佛殿前拜佛，开花现佛景观一现，蒙古王爷的随从们就大把大把地往莲花宝座上扔银子。一时间，只听见银子哗啦哗啦地在莲花宝座上滚动的声音。“文化大革命”期间，五台山寺庙损毁严重，许多重要的经书被焚烧，和尚被撵出寺庙，被迫还俗。而这一切，在党的十一届三中全会之后才得以纠正。20 世纪 70 年代末，班禅大师曾亲往五台山朝山拜佛，讲经弘法。那个时候，“文化大革命”刚刚结束不久，各地都在恢复建设当中，五台山也在慢慢地恢复着往日的繁盛。班禅大师的到来大大地促进了五台山的恢复建设工作。这座佛教名山很快恢复了元气，重新站立在了世界的东方。

明永乐年间，宗喀巴大师创立了藏传佛教格鲁派。格鲁派后来成了藏蒙等地佛教徒信奉的藏传佛教的主流派别，随后又成为西藏地区的执政教派。现在人们所熟悉的达赖、班禅两大活佛，都是宗喀巴大师的弟子，格鲁派喇嘛都依祖制戴黄帽子，所以俗称藏传佛教格鲁派为黄教。宗喀巴教导他的两大弟子要永世和睦，互为师徒，终身传教。随着格鲁派在西藏取得统治地位，西藏实行了政教合一的封建农奴制，达赖、班禅在西藏的地位逐渐巩固，势力逐渐强大，为了减少纠纷，便于执政，他们的统治区域也逐渐分开了。达赖喇嘛负责前藏，并主持西藏的噶厦政府，管理西藏外交和前藏的僧俗事务。班禅活佛负责后藏，统领后藏的一切僧俗事务。

到了清朝，统治者在征服内外蒙古、征服西藏、统一全国的过程中，深知佛教（也包括藏传佛教）能够起到安抚民众的作用，因而格外重视佛教。黄教的创始人宗喀巴大师，传说是文殊菩萨转世，五台山又是文殊菩萨的道场，缘于此，整个清朝统治时期，五台山的地位日益隆盛，黄教在五台山更是得到了前所未有的发展。

据说，清朝顺治皇帝，在他最宠爱的董鄂妃病逝以后，心灰意冷，无心再理朝政，执意要出家当和尚，其母苦苦相劝都无法改变顺治的想法。最后，顺治皇帝丢下万里江山当了出家人，到五台山做了个普通和尚。顺治皇帝在五台山出家的传说，给五台山增加了许多神秘色彩。康熙皇帝在位期间实实在在先后五次巡幸五台山，尤其是前面的几次，人们猜想着康熙是上山探望他的亲爹顺治爷去了。因为那几次他到了五台山后，不带任何随行官员和服侍人员，单独去某个寺庙。人们暗自揣测，这就是看望他老爹顺治爷去了。只是康熙皇帝对这一切活动不愿明说，也不愿意让人们知道。康熙之后，乾隆皇帝6次巡幸五台山，朝拜文殊菩萨，雍正、嘉庆也多次巡幸五台山。为了一个妃子，丢下一座江山，这在中国历史上也算是美谈、奇谈了。而且，据说满族人有这种特殊的性格，为了自己心爱的女人，放弃钱财、放弃亲人、放弃权力的大有人在。对于满族人的这种特有的禀性，我倒是说不出多少实例来，但这种执着的爱恋确实让人感动。如果这真是满族人的性格所致，那么倒是一个很值得研究考证的事。

顺治皇帝青年弃权还有一种说法，说是得了天花。因为顺治皇帝在年轻力壮之时出天花亡故，使得康熙在8岁，尚是孩童时，便在太皇太后的辅佐下当上了皇帝。从顺治皇帝开始，清朝皇室在确定下任接班人选时，遵循着一个秘而不宣的原则，必须是出过天花的，没有出过天花的，暂且不予考虑。因为中国的传统医术，对患天花一直比较挠头，而满族是作为边远少数民族直接入主中原的，对此刚开始是毫无防备的，直到顺治皇帝出了事，他们才认识到这个问题的严重性，才开始重新制定立嗣规则。

在几百年前，人们对天花等烈性传染病毫无办法，只能听天由命。当然，现在已经采用种牛痘的方式预防天花病的传染，基本上解决了这个问题。顺治皇帝死于天花，导致清朝宫廷把出过天花作为立嗣的首要条件。也就是说，哪怕这个人别的方面差一点，只要出过天花，就可以被选用，否则，其他条件再优越，也没有作为清朝皇帝继承人的资格。据传，顺治皇帝死的时候，身上到处都是疤痕，这充分印证了另外一种说法，他们认为顺治得的是性病梅毒。从各方面分析看，顺治皇帝应该是死于一种当时根本无法治愈的烈性传染病。须知，300 年前的人感染上天花，可以说包括英、法、德等西方国家的人在内，也都是束手无策，只能坐以待毙，更不要说有什么不切实际的想法了。

康熙在位 61 年，是清朝，也是中国历史上在位时间最长的皇帝。而康熙的孙子乾隆皇帝，为了表示对他爷爷的敬重，在位 60 年后，便让出皇帝位置，又当了 3 年太上皇。他活了 88 岁，算是不折不扣的耄耋老人了。不论是康熙皇帝还是乾隆皇帝，都对五台山非常看重。康熙敕令将五台山罗睺寺等十座规模较大的寺庙更改为黄庙，还赐予菩萨顶大喇嘛扎萨克蒙提督印，要求山西全省州、府、县衙岁岁进贡。后来，又让驻锡五台山镇海寺的大活佛章嘉呼图克图总管内蒙古喇嘛事务。雍正皇帝更是拜章嘉活佛为帝师。乾隆继位后，把先帝雍正的雍亲王府，也就是他自己的诞生地雍和宫改为喇嘛庙，作为章嘉活佛的驻锡地，章嘉活佛基本上就在北京雍和宫和五台山镇海寺两地来往和居住，成了名副其实的“帝师”。

我在前面也提到过，现在上五台山的人也时常会看到，常有身着藏族或蒙古族服饰的信徒，磕着等身长头亦步亦趋地上五台山。他们从几百里甚至几千里之外赶来，风餐露宿，节衣缩食，为的就是亲自朝拜佛教圣地五台山，同时把自己一辈子的积蓄贡献给五台山各大寺院，而这一切正是他们一生的追求。

提到五台山，不得不提一提中国近现代史上两个非常有名的人物——梁思成与林徽因。

梁思成、林徽因夫妇对五台山佛教建筑的认定是有着不可磨灭的功绩的。梁思成是中国近代维新派领袖、学者梁启超先生的长子。从 1932 年到

1936年，从美国学成归来的梁思成先生，考察了中国北方137个县市的1832座古建筑，年代最早的到宋辽时期。寻找一座唐代木结构建筑，了解和破解唐代木结构建筑的营造法式，是梁思成的愿望。

1937年，从北京图书馆保存的一本《敦煌石窟图录》中，梁思成发现了第61窟唐代壁画《五台山图》上有一座标有“大佛光寺”的寺院。出于职业本能，他判断，大佛光寺极有可能是一座唐代建筑。6月份，他带着夫人林徽因和同事，先坐火车来到山西，然后租了农户的几只骡子，骑着骡子上了五台山。当他们看到五台山佛光寺的东大殿时，异常兴奋，简直不敢相信自己的眼睛。此时此刻，他们这些后生晚辈，已经站在了一位1000多岁长者的面前了。梁先生等一行专家经过详细测量、严谨考证，认定五台山佛光寺的东大殿建于唐大中十一年（857年），是当时他们在中国境内发现的，年代最早、规模最大、保存最完好的一座唐代木结构建筑。

在五台山考察期间，学者们攀高爬低，认认真真地测量，仔仔细细地记录、分析、比对每一个数据，不让任何一点瑕疵留在自己的考察报告中。当他们从大殿檩梁下隐约的墨迹中，知道了大殿建于唐大中十一年（857年）时，非常高兴。一座佛光寺，令梁思成、林徽因等多位学者在此逗留了七八天的时间。在那个时代、那样的条件下，可以想见学者们付出了多么大的努力啊！

经过考察，他们认为五台山的佛光寺是“中国第一国宝”，在中国建筑史、文化史、考古史上的地位都是不可替代的。梁思成是中国建筑界的顶级专家，又是北京大学的著名教授，他的论证吸引了许多专家来考察五台山。所以说，梁思成、林徽因夫妇的此次山西之行，在我国建筑史上具有里程碑的意义。

梁思成、林徽因夫妇回到北京后，他们就这次山西之行，写的文章和拍摄的照片大都见诸报端，这成了对五台山佛教庙宇的最好宣传。由此开始，中国理论界、文化界和考古界都加强了对山西的关注。

1953年，国内考古学家又在五台县李家庄村发现了一座建筑年代更早的建筑——南禅寺大佛殿，南禅寺大佛殿建于唐建中三年（782年），距今

◆ 五台山佛光寺

五台山塔院寺

已有1200多年的历史了，比佛光寺还要早75年。

五台山不单是世界佛教圣地，也完全有资格称为中国古代建筑的“博物馆”。它完美地保留了北魏至民国时期各类佛教建筑95处，这在全国乃至全世界都是绝无仅有的。这些绝大多数都是国宝级建筑，其建筑风格展示了唐、宋、元、明、清等各个不同时代的特色，又体现了不同朝代、不同时期建筑文化的传承与创新。所以说，五台山珍贵的历史文物对研究中国建筑史、文化史、艺术史和佛教发展史具有重要价值。

说到这里，我还要多说几句话，中国考古界有个明确的说法，山西的唐代以前的建筑占到全国的75%以上。也就是说，山西一个省，唐代以前的古代建筑是全国剩余省市的3倍多，这是令许多山西人引以为荣的。这里面有许多历史原因和自然原因。从自然环境来讲，山西地处黄土高原，气候干燥，水灾、火灾等相对较少，尤其是大的水患更少，像河北、河南、山东等地，黄河三年一泛滥，百年一改道，这种事情在山西根本没有过。黄河流域，还有长江流域大的水灾一来，庄稼颗粒无收，房屋倒塌，人畜殒命。历史建筑的长久保存显然是不可能的，如果往更南面走，进入珠江流域，白蚁猖獗，更使得任何建筑都难以保存。所以，只有山西，只有黄土高原上的这块宝地，既不怕水灾，又没有白蚁作乱，历朝历代的建筑才得以保存下来。

从历史角度看，山西是中华文明的发祥地之一。5000年来，中华民族在这块土地上充分展示了自己的创造力和想象力。许许多多中华文明的代表性建筑在这块土地上被建造出来，并长期地保存下来，这并不是一种巧合，而是得益于这块土地上人民的保护意识。山西人比较诚实，对自己老祖宗留下的东西都视为珍宝，都会用心爱护。据说，当年李自成带领他手下的几十万人马从南往北，朝着北京一路杀来。这一路上，他们毁坏了许多建筑，但进入山西境内，这种破坏力遭到了老百姓有力的抵制。山西一些地方上的头面人物，也出面保护当地的建筑，他们出钱出物供应李自成的大军，尽量保护当地的一些建筑不受到损害。这些虽然都是传说，但足以道出山西古代建筑得以留存的关键所在。

我们还是回过头来说五台山吧！

1948年4月，毛泽东从延安东渡黄河之后，沿吕梁山北上，到忻州北部宁武附近，向东沿着恒山山脉南沿上了五台山。因为五台山、恒山这一大片区域山势雄伟、地形险要，抗日战争时期，就一直是晋察冀军区司令部所在地，晋察冀军区司令员聂荣臻就一直在这里指挥着整个军区的行动。毛泽东一行走的这条路是非常有利于部队的大规模移动的，再加上这里一直是晋察冀抗日根据地，群众基础好，从这里前往五台山，有利于党中央对全国局势的掌控。当年，毛泽东一行主要领导就住在五台山的塔院寺，塔院寺方丈院现为毛主席路居旧址。毛泽东是熟知中国传统文化的无产阶级革命家，他到了五台山后，很认真地观赏了五台胜境。

五台山（三）

五台山域内，寺庙众多。早在北齐时，五台山就已有寺庙200余座。唐代，最多时达到360余座。在这众多的寺庙中，排在第一位的当然是显通寺了。

显通寺位于五台县台怀镇北侧，始建于汉明帝永平年间（58—75年），距今已有近两千年的历史了。初名大孚灵鹫寺，后改名为大显通寺。它的建筑年代略晚于洛阳白马寺，被列为中国第二座古寺。走进显通寺大门，沿中轴线从南到北一共七进院落、七幢大殿，依次是观音殿、大文殊殿、大雄宝殿、无量殿、千钵文殊殿、铜殿、藏经殿，显通寺背靠台怀镇的灵鹫峰，七幢大殿随着地形逐步由下而上，一幢更高一幢，显出了它的非凡气势，这种七幢大殿的建制在国际、国内都是不多见的。只有特别受尊崇的寺庙，才能享有如此高规格的建制。

显通寺不但建筑宏伟，历史悠久，而且历来香火旺盛。无论是朝拜，还是旅游，无论是平头百姓，还是达官显贵，来五台山必游显通寺。显通寺有一个佛国藏珍楼，楼内收藏有大量的佛教文物，这些收藏的佛教文物件件都是国宝级珍品。其中，有清朝康熙皇帝亲笔抄写的金字经书，一共17卷，全部用金粉研墨，满册金光闪闪，真是笔笔珍宝，价值连城。康熙年轻时，为了修养身心，每天抄写密罗心经，几年下来，共抄写了17卷，后来康熙到五台山探访时赠送给了五台山。能够得到这样珍贵的馈赠，足见清朝皇帝对五台山的推崇和关爱。还有清朝康熙年间苏州三宝弟子许德心写的华严经字塔，这幅写在长绢上的七重字塔，书写了80卷经书的全部内容，总共书写了600 043个字，全部是蝇头小楷，是三宝弟子许德心用12年时间完成的。这幅绢本经文塔的书写难度主要有几点：一是字该写多大，就能够不多不少、编排有序地书写下全部经文共60多万字；二是不能写错字，一旦写错字是非常难处理的。还有一点也是最关键的，必须要有极强的毅力。没有毅力、没有决心、没有信仰、没有恒心是根本完不成这项工作的。收藏在显通寺珍宝馆中的这类国宝级的佛教文物还有许多，围绕这些佛教珍品还有许多传说和故事。

在大显通寺里，还有一座铜殿，它建造于明朝万历年间（1573—1620年），是国内四大金殿中体量最大、工程难度最大的一座。原有的鎏金，历经几百年的磨损，再加上“文化大革命”时期的破坏，一度曾不见了原来的色泽。在云南昆明的鸣凤山上，也有一座几乎完全相同的金殿，是吴三桂在云南当镇南王的时候修建的，那座金殿比五台山的金殿建得晚，也比五台山的略小一些。五台山的金殿外观两层，重檐歇山顶。殿内供奉着文殊坐狮像，四壁排列着铜铸小佛像一万尊，朝奉文殊。20世纪90年代初，北京的一位居士，出资300万元，重新给金殿又鎏了一遍金。现在的金殿，在阳光的照射下金光闪闪，格外引人注目。后来又有居士出钱，把金殿前的五座铜佛塔也全部鎏了金，金殿金塔相互映衬，富丽堂皇，已成为显通寺的一大胜景。

台怀镇的塔院寺，院中的大白塔应该是五台山的象征。在现在出版的关于五台山的各种宣传品上，大多都能看见这座大白塔的身影。大白塔通身高75.3米，造型美观，有“清凉第一胜境”的美誉。一到台怀镇，这座藏式大白塔就会映入人们的眼帘。湛蓝的天空下，大白塔周围全是红墙灰瓦的寺庙，从大白塔一直延伸到后面的菩萨顶。这座大白塔全名为释迦文佛真身舍利塔，建于元大德六年（1302年），距今也有700多年的历史了。在五台山的许多寺庙里都建有白塔，像龙泉寺、南山寺等，只是大小高低各不相同罢了。当然，塔院寺里最有价值的，除了大白塔，就是藏经殿里收藏的佛经典籍了。

提到佛经典籍，五台山有几座寺庙的收藏是非常丰富的，如塔院寺、显通寺、碧山寺、镇海寺、南山寺等。这些寺庙，在夏天阳光充足的日子，都要举行“晒经”佛事，把寺庙里收藏的经书搬出来，让小和尚们一页一页翻着，一边诵经，一边晒经，通过这一页一页的翻动，把经书中的潮气全部疏散掉。而且这些佛事都是在大殿二层的阳台上进行的，外人不让参与。小和尚们在楼上翻诵经书的场景，实为五台山各大寺庙的一道景观，时常引来不少游客的观望。

五台山是中国唯一一个黄庙、青庙共处的佛教道场。黄庙中，级别最高的是菩萨顶和镇海寺。我们先说说菩萨顶，菩萨顶仿佛就是五台山这朵盛开的莲花的花心，基本上居于台怀镇的中心位置。菩萨顶是五台山黄庙的代表，寺院是仿皇宫建造的，朱红墙壁，金黄琉璃屋顶，从远处看去仿佛是一处皇家寺院。不含糊地讲，菩萨顶确实是一处皇家寺院，康熙、雍正、乾隆等清朝的多位皇帝都来过菩萨顶，而且大多数是多次前来。这些皇帝在此焚香礼拜，渴求得到佛祖的照应，希望天下太平，诸事顺遂。菩萨顶的东禅院内立有两通方型御碑，御碑硕大无朋，四面用汉、满、蒙、藏四种文字刻写着相同的碑文，一通碑是乾隆第五次来五台山时写的诗，另一通碑是乾隆皇帝第六次来五台山时写的诗。

菩萨顶最主要的与众不同之处在于，它的位置在五台山东、西、南、北、中五个台顶的中间，几乎置于台怀镇的最中心，它位于显通寺北侧灵鹫峰上，地势比周边高出约30多米，可见其位置的突出与不同凡响。正因为它是皇家寺庙，所以在五台山众多寺庙中处于支配地位。

在台怀镇还有一座规模一般但名气却很大的寺庙——黛螺顶。别看它不是五台山的大型寺庙，但凡去五台山的游人，几乎都要去爬一爬黛螺顶。相传乾隆皇帝继位以后，一直沿袭他爷爷康熙皇帝的一些做法——定期上五台山大朝台。皇上每次朝台，五台山佛教界都要做大量的准备工作，平整道路，整修庙宇，如果皇上真的要上几个台顶去朝拜，这还真是一件十分辛苦的事。清朝的多位皇帝都对五台山情有独钟，他们多次朝台，但真能上到五个台顶的为数不多。如何既能满足皇帝们朝台的愿望，又不让朝台的皇帝们太艰难？据说，一个小和尚想出了这样一个办法：在五台山的中心区域，修建一座寺庙，把五台山的五方菩萨都请来坐在大殿中，人们一次朝拜就相当于拜谒了五座台顶了。乾隆皇帝就让人在台怀镇东面的山脊上，选好位置修建了一座寺庙——黛螺顶，把南台顶的智慧文殊、西台顶的狮子文殊、中台顶的孺童文殊、北台顶的无垢文殊和东台顶的聪明文殊这五位文殊菩萨像，集合塑建在黛螺顶的大殿中，称之为五方文殊殿。

乾隆五十七年（1792年），乾隆皇帝第六次朝台时，在没有登台顶的情况下，一次朝拜了五方文殊，龙颜大悦，欣然命笔，题诗一首。乾隆皇帝至此开了小朝台的先例，五台山由此就有了大、小朝台的说法。大朝台必亲自到五座台顶即山头上的寺庙焚香朝拜，小朝台则只要到黛螺顶和山下别的寺庙里焚香磕头。现在看来，小朝台也解决了广大游客上五台山游览的问题。1995年，金界山庄至黛螺顶的索道开业运营，自此广大游客们游黛螺顶就有了步行上山、骑骡马上山、坐缆车上山等多种方式。

现在新修的高速公路，从全国各地都可以直达五台山，下了高速，沿清水河往山里面走，就可以看见钟灵毓秀的镇海寺了。

镇海寺呈三山环抱之势，背靠太师座椅，很稳固亦很舒服，左边青龙，右边白虎，环绕护卫，非常祥美。寺庙门前五台山的清溪从上首缓缓流下，风水特别好，风景亦特别好。整个寺庙四周的山岗上松柏相和、绿树蔽日，镇海寺就在这松涛阵阵、青山绿水的环抱之中。“镇海松涛”是五台山有名的十景之一。镇海寺风水好，风景好，更重要的是作为章嘉活佛的驻锡地而声名日盛。在整个大藏区，章嘉活佛是与前藏达赖、后藏班禅齐名的几大转世活佛之一，总管内蒙古喇嘛事务，也是五台山的执掌大菩萨。在五台山，当地老百姓都称之为大和尚。章嘉活佛一生备受尊崇，而且权势极大，清乾隆时期曾明确，章嘉活佛统管五台山地方的僧俗事务。在五台山时，他驻锡镇海寺，回到京城，他住在雍和宫。乾隆皇帝先后六次朝台，他有幸四次伴驾。

最后，我要给大家专门介绍一下五爷庙。据说，五爷是东海龙王的小儿子，也就是东海中第五个小龙王。当年文殊菩萨降服了一贯桀骜不驯的这个小龙王，东海龙王家的这位“五爷”就皈依了佛门，做了文殊菩萨的弟子。五爷庙原来被称为龙王庙，因多少年来，五爷灵气日盛，有求必应，人们就直接称之为五爷庙了。每日黎明时分，到五爷庙烧香许愿、布施还愿的人川流不息，摩肩接踵，尤其是阴历每月的初一、十五，整个五爷庙里，香客拥挤，人声鼎沸。有时候，连认认真真地给五爷烧香、礼拜的地方都得从人群中挤出来。而且，从外地专门来五爷庙朝拜的香客也非常之多。整个五台山域内，在各大宾馆内住宿的香客们黎明即起，稍加洗漱，就结伴前往五爷庙烧早香，可他们到了后才发现，就连五爷庙的外面也早已被各地来的香客们围得水泄不通了……来五爷庙最多的是京津地区的香客，山西、河北的也非常多，香港、澳门地区和东南亚国家的人也很多。这些香客里成功人士非常多。

在五爷庙里，四面的墙上到处挂着“有求必应”“灵验无比”等还愿者的旌幛。每天都有人为还愿，请来周边的剧团唱戏。传说五爷爱听戏，只要让五爷听好了戏，五爷就会满足你的愿望，了却你的心事。所以在整个旅游旺季，五爷庙的戏台上是日日有演出，夜夜锣鼓响。而且许多剧团都排着队上山演出，一个团演上十天半个月，再换另外一个。剧团不重复，剧目不重复；演员新面孔，观众新面孔。我可以毫不夸张地说，上五台山朝拜的游客必到五爷庙，几乎没有人不去“拜五爷”。五爷庙在人们心目中的地位，已经是不可动摇的了。

在本书中我用三个篇章来介绍五台山，但是总觉得还有许多话要说。因为五台山太大了，历史太悠久了，需要介绍的内容太多了，我不免挂一漏万。说到底，五台山是山西旅游景点中最靓丽的一张名片，是一个在全国乃至全世界都有着巨大影响力和感召力的景区。

云冈石窟

云冈石窟是我国三大著名石窟之一。主要的石窟皆完成于北魏迁都洛阳之前，约自和平元年（460 年）至太和十八年（494 年），算下来，距今已有 1500 多年的历史了。

北魏时期，从道武帝建国，到太武帝结束北方群雄割据的局面，北魏一直推行着掠夺和迁徙政策，每占领一个地方，就把大量的人口迁徙到那里。这种政策使得平城，也就是今日的大同，从昔日的边陲小镇迅速发展成为当时中国北方的政治、军事、经济和文化中心。各地的达官贵人、儒士沙门、能工巧匠、走卒商贩纷纷汇聚平城，各种宗教活动也日益升温，借人口数量增长，北魏统治集团也在迅速扩张自己的势力。正当佛教在北魏迅猛发展的时候，太武帝于太平真君七年（446年）诏令灭佛，这是中国历史上一次著名的灭佛行动（中国历史上有过几次灭佛运动，使得佛教在中国一度处境艰难）。一时间，北魏统辖的区域内，民间“金银宝像及诸经论，大得秘藏，而土木宫塔，声教所及，莫不毕毁矣”。也就是说，许多已经建成的或正在兴建的佛教建筑和设施，都被毁掉，佛教徒或被驱散，或被杀头，或被迫还俗回原籍务农。兴安元年（452年），文成帝拓跋濬继位，在全国老百姓和群臣的强烈请求下，宣令复法，各地的各种佛事活动又相继展开，一切又恢复了原来的模样。正是在这种形势下，云冈石窟的昙曜五窟应运而生。著名学者朱彝尊先生在《云冈石佛记》一书中说明了这一点。刚一宣布复法，“其徒唯恐再毁，谓木有时朽，土有时崩，金有时烁”，全部改用石刻，又担心太小会被人毁掉，越修越大，只有这样，才能放心。“而佛乃久存不坏，使见者因像生感。”造大像，造石像，为的是保存久远，让不信佛的人难以毁坏，使信众们见佛即心生感动，倾心佛门。

再一个原因就是，当时，印度的石窟造像之风东渐，经新疆波及河西走廊、关陇，至平城特盛，进而流布中华。同时，古印度、狮子国（今斯里兰卡）、西域诸国的胡沙门带着佛经、佛像和画本，随商队、使团而至，中华各地的信众们也在谋划开石造像，弘扬佛法。正是在这个时候，云冈石窟的主持昙曜法师建议征集全国的宝像，送到京师，为开凿云冈石窟做了大量的前期准备工作。为了做好这件事，昙曜法师特邀请徐州僧匠北上主持云冈佛事。由此开始，一批批大德高僧、精工艺匠和善男信女们，共同设计，共同制作，齐心协力，创造出了云冈石窟这一处旷世无匹的佛国天堂。

现在，我想重点说一说几座有名的石窟。

第一个，就是云冈石窟的第20窟，这里有云冈石窟中最大的露天大佛——释迦牟尼像。坐北向南的主尊释迦牟尼佛像，高13.75米，半结跏趺坐，双手作禅定印。头顶高发髻，面相方圆，宽额广颐，眼眉细长，鼻直口方，双耳垂肩，体貌概括抽象，纹饰非常优美。从稍远处看，更是粗犷雄健，法相庄严，气度恢弘。

说到这里，我突然想起历史上的一种说法，许多人认为，云冈石窟最大的石刻雕像，像北魏皇帝拓跋珪；洛阳龙门石窟最大的石刻雕像，像大唐女皇武则天。这些传说，是一种附会还是真有其事，根本无法得到证实，除了拓跋珪、武则天时期与他们打过交道的人，后面的人根本就没有见过这些帝王的真面目。这只能表明这二人在这两处石窟的开凿与修建中起到了决定性的作用，没有他们的决策，或者说没有他们的强力推动，石窟的开凿和修建是不可能完成的，人们为了纪念他们的功劳，后世就有了这种传说和推测。当然，历史上一直有这种说法，从未间断，也难以得到证实。

这第20窟中的大佛是云冈石窟最辉煌之作，大佛的两侧，各有一尊立佛，东边的立佛像高8.95米，身着通肩大衣，纹饰雕刻与主佛的几乎一样。西边的立佛早已崩毁，现在仅存最下部的赤足、莲花宝座和周边的火焰纹。可以想见，整个第20窟是按照一个设计图（如果当初有设计图的话），由同一拨工匠雕刻开凿的，因为整个石窟修建雕刻的前后风格是高度统一的。在那个年代，这一点是非常难得的。因为这么大的佛像，这么大的石窟，在手工开凿的条件下，全靠工匠们手中的锤子、錾子和凿子，一般来说必须要花费几十年时间，甚至需要前后几代人的努力才能完成。

石窟前面最初也有窟顶和前沿，而且应该是修建得非常完美，与大佛像相配套的。到了辽代还专门修建了木结构窟檐建筑，为了更好地体现石刻佛像的色彩和庄严，后来这些全部毁于战火。由于日晒雨淋，岁月久远，大佛前沿的崩塌已经到了危及大佛自身的地步，这使得各级文物行政部门的专家们都忧心忡忡。

第20窟的大佛像应该说是云冈石窟的代表性作品，山西的各种会展、文化活动、旅游活动，甚至包括一些经济部门开展活动，在最显眼处、最能够吸引客人的地方，必然展示着这尊云冈石窟大佛像，这是众所周知的。

第12窟俗称“音乐窟”，是云冈石窟中最具时代特点的一个石窟。音乐窟前室北壁最上层，雕有 14 个天宫乐伎，演奏的乐器包括吹指、齐鼓、排箫、琵琶、横笛、筝、琴、埙、竖箜篌、义嘴笛、细腰鼓等。神龛下方是 16 个飞天舞伎，这些飞天舞伎仿佛在乐伎的伴奏下，翩翩起舞，姿态优雅，动作和谐，体态轻盈，一副已经完全陶醉在佛国乐舞之中的神情。从第 12 窟可以看出，这些飞天舞伎雕刻得非常到位，非常逼真，让人很难想象这是在坚硬的石头上创作出的艺术作品。在第 12 窟的窟顶藻井一圈，雕刻有 84 个飞天舞伎，它们环绕 11 朵团莲，舞姿美妙动人。在西壁与窟顶连接处，以近似圆雕的手法雕刻出了六个夜叉乐伎，其中的一个乐伎，双手上举，扭腰提胯，神态夸张，造型特异，仿佛正在指挥一场盛大的佛国舞蹈盛会。这些造型仿佛在向后人展示，这些舞伎不仅是佛派出的使者，更是佛前至胜至妙的精灵。

音乐窟的出现，证明了我国音乐发展的一段史实。早在北魏初期，一些来自远方，尤其是西域各国的乐器已经传到了我国，像琵琶、箜篌、排箫等。而那个时候，真正的中国人自己发明的乐器，像竹笛、二胡等也正在发展之中，正在从汉民族地区传向少数民族地区，云冈石窟展示的正是这一时期特定的社会状态。游客们参观云冈石窟，导游会把客人带到第 12 窟，但只让客人隔着门前的栅栏看一看，许多精美的东西都难以看到。

第 6 窟也是一个内容非常丰富的洞窟，最引人注目的是洞窟四壁保存得比较完整的 33 个连环画式的高浮雕佛传故事。如许多人所熟知的“腋下诞生”“七步生莲”“九龙灌顶”“骑象回城”，还有“姨母养育”“太子乘象”“父子对话”“商人奉宝”“宫中嬉戏”“入山求道”“出游东门遇老人”“出游南门遇病人”“出游西门遇死人”“出游北门遇沙门”，等等。这 33 个最有代表性的佛传故事，在中国，凡是对佛教感兴趣的人都知道。在全国各地的许多寺庙里，都有这些内容的壁画、雕刻和塑像。应该说，这是佛教徒的启蒙之课，是佛教界人人皆知的故事。而第 6 窟的与众不同之处在于，这里的浮雕全是刻在石洞的四面墙壁上、洞顶上的，而且，由于要把这么多佛教故事都安排在一个石窟里面，当初的石刻设计者们是下了很大功夫的，要把故事一个一个按照一定的顺序排列下来，要把故事中的各类人物以及相当多的动物，按照大小比例适度设计出来，再一个一个刻制出来，还要加上各种颜色，把整个石洞里面绘制得新颖别致是很不容易的。所以第 6 窟在云冈石窟中是专家们公认的第一伟窟，它不仅修凿得最为富丽堂皇，而且还比较真实地反映了北魏王朝的综合国力和艺术创造能力，当然也比较真实地反映了中国古代人民群众的创造力。

在这里我插一段题外话，中国古代一直到近现代早期，直接谈论生育是一个违禁的话题，成人在向子女们说起生孩子时都说是腋下生的，看来这样说是有出处的，而不是人们随意瞎说的，云冈石窟第 6 窟的“腋下诞生”就证明了这一点。

在云冈石窟的许多洞窟中都留有中心塔柱，中心塔柱的修建既是云冈石窟的一大特点，也是云冈石窟在修建中把劣势转化为优势的成功尝试。可以这样来理解中心塔柱保留下来的必要性：

一是从力学角度讲，中心塔柱可以起到支撑窟顶的作用，保证洞窟可以修到足够的宽度和高度。这样的宽度和高度，有利于朝佛者的集聚，即便是人数较多的时候，也不会显得拥挤。

二是佛经中讲“见塔即见佛，见佛即见塔”，礼塔就是礼拜佛，也是礼拜佛法。

三是绕塔礼佛，僧众们进门后从右绕塔一圈甚至多圈拜佛，提升了僧众的朝拜意识，扩大了僧众对佛教知识的交流，增进了僧众对佛教知识的了解。

四是扩大了洞窟内的雕刻和绘画面积，这是最关键也是最受益的一个方面。洞窟由原来的四个壁画面变成了八个壁画面，虽然壁画面大小不一，但各有各的用途。洞窟的高度也比原来增加了一倍甚至数倍。

云冈石窟的许多洞窟里都留有立柱，而且立柱在不同的洞窟里从内容方面讲是多样的，但从力学角度讲是一致的。

梁思成先生自幼饱读诗书，后来又远涉重洋外出学习西方国家的文化。1935 年，他在考察了大同云冈石窟后认为：“……但云冈雕刻中，“非中国”的表现甚多，或显明承袭希腊古典宗脉，或繁富地掺杂着印度佛教艺术影响；其主要各派元素多是囫囵包并，不难历历辨认出来的。”他同时分析：“以地点论，洛阳伊阙已是中原文化中心所在；以时间论，魏帝迁洛时，距武州（即大同）凿窟已经半世纪之久，此期中国本有艺术的风格，得到西域袭入的增益后，更是根深蒂固、一日千里，反将外来势力积渐融化，与本有的精神冶于一炉。”

应该实事求是地说，梁思成先生的评价是客观的，是比较准确的。北魏早期修建的大同云冈石窟中，许多是模仿西域的东西，后来修建的洛阳龙门石窟中，应用西域的技巧，学习但不硬套西域的作法，增加了许多本土化的内容。但我个人认为，大同云冈石窟和洛阳龙门石窟的差异，正好让我们今天的人们看到了中西文化的不同点，看到了文化的多样性。

提到云冈石窟，就不得不提一些中国现代名人，如周恩来、郑振铎等。周恩来曾经亲自陪同法国前总统蓬皮杜到大同参观云冈石窟，并且为保护石窟做了许多重要指示。郑振铎则创作了散文随笔《云冈》。从1998年开始，国家投入了2.3亿元人民币，将109国道改道29千米，远离云冈石窟保护区，这样就彻底解决了因109国道上的载重卡车拉煤而造成的粉尘、煤灰、震动等对云冈石窟严重的污染、破坏问题。还有一个人，虽不是超级名人，但大同人是不应该忘记这个人的。他的名字叫耿彦波，曾经担任过大同市市长。在他担任市长期间，大同市政府就对云冈石窟的保护和周边的拆迁工作动过“大手术”：整体搬迁了云冈石窟周边的一镇六村大几千户人家；全面启动了云冈石窟周边环境治理和云冈大景区建设工程；对石窟前面的十里河云冈段水面进行了全面治理和美化；在城区投资建设了一批仿古建筑；修复了大同市的古城墙和市内的上、下华严寺等几座寺庙；整治了大同市的街道和社区。短短三年时间一个“煤炭之都”就被建设成了一座花园城市，而且最大限度地保护了市内的各种古迹、古建筑。

平遥古城（一）

1997年，山西的平遥古城与云南的丽江古城，同时入选联合国教科文组织《世界遗产名录》。平遥作为现存唯一完整的中国汉民族地区古代城市的原型，引起了国人的关注，也受到了世界的瞩目。世界遗产大会是这样评价平遥的：“平遥古城是中国汉民族城市在明清时期的杰出范例。平遥古城保存了其所有特征，而且在中国历史的发展中为人们展示了一幅非同寻常的文化、社会、经济及宗教发展的完整画卷。”

这个评价是非常高的，也是非常到位的！在中国，在现代，在汉民族地区，要找到同样一座保存如此完整的古城已经是不可能的事情了，因为这种执着的保护是要付出代价的，而且是非常沉重的物质代价和历史代价。

当然，也可以从另一个角度说，平遥古城既是山西富有留下的财富，也是山西贫穷的见证。说平遥古城是山西富有留下的财富，那是因为明清两朝，以平遥、太谷、祁县等晋中商人为代表的山西商家，在外面做买卖，积攒了大量的钱财，他们回到家乡，置地盖房子。整个平遥城里面的大大小小的四合院都是山西商家发财后修建起来的。这几个县里，这些明清时期修建的院落不但多，而且式样繁杂，有仿京都的，有仿江浙的，更多的是具有山西本土特色的。在当时，这应该说是展示财富的一种方式，而现在这些地方则成为人们游览的好去处。说平遥古城是山西贫穷的见证，那是因为改革开放以后，沿海各地区群众率先发家致富。大家有了钱以后，重新翻盖自己家的住房，许多地方拆掉茅草房盖砖瓦房，再拆掉平房四合院盖上三层、四层、五层或更高的楼房甚至别墅。而山西平遥因为地处内陆省份，发展缓慢，人们挣钱少，旧房子还没有来得及拆掉，也还没有来得及盖成新房子。这个时候全国各地大规模的旅游业开始发展了，游客们在别的地方看不到的连片的旧式四合院，在这里反而比比皆是。于是借助这种优势，这个地方迅速发展成了旅游景点，成为保护对象，成为不可多得的著名保护区了。现在回过头来看，真是应了“有心栽花花不开，无心插柳柳成荫”这句老话。

说起平遥的明清古院落，我们就从大到小说起，先说说平遥县衙。朱镕基在担任国务院总理期间，曾在参观完平遥县衙之后，欣然命笔，挥毫写下了“平遥县衙”四个大字。平遥县衙享有如此殊荣，一是它的规制非常完整，县衙里县太爷审案的大堂、二堂，县太爷的后宅、东花园、西刑狱一应俱全，而且全是按照明清时期的各种规制严格铺排的，毫无差池。二是县衙大堂前的一副对联很有深意。这副对联是这样写的：“吃百姓之饭，穿百姓之衣，莫道百姓可欺，自己也是百姓；得一官不荣，失一官不辱，勿说一官无用，地方全靠一官。”说到平遥县衙的规制非常完整，是因为平遥县衙的建设规制如同全国各地的县衙一样，基本格局是东、中、西三大部分。中间沿南北中轴线建有大门、仪门、大堂、宅门、二堂，这

◆ 平遥古城

◆ 平遥县署大门

◆ 平遥县署大堂

四进院落均属办公施政的区域，二堂至内宅、大仙楼则是县令起居及其家人居住之处。中间区域以东，建有钟楼、土地祠、寅宾馆和官宅花庭，还有一些附属建筑，是官员们办公的地方。中间区域以西主要是关押犯人的地方，建有重狱、轻狱、女监、督捕房和马号等等。从大门进仪门后，两边分设有吏、户、礼、兵、刑、工六部，仪门两侧还有两个小门，东边的为“人门”，是官员们进出或探访者进出的地方。西边的为“鬼门”，是押送犯人进出的通道。尤其是重刑犯，从“鬼门”押出，游街示众后，往往被施以斩刑。

东边的官宅花庭，虽然不大，却打理得非常精致，是县太爷及其亲属常去游玩的地方。在花庭前面，还设有一个有戏台的小院落，这是专门给县衙里的官员们唱堂会的地方，很是精致、典雅，也很隐蔽。

说到县衙，还有一件事情很有意思，就是在县衙内宅有个狐仙庙。有的县是修个小庙，有的县是在县令私宅二层楼的一角修个小阁楼，安放一个狐仙的牌位。为什么要在内宅修个狐仙庙？为的是供奉狐仙，让它为官员们看好印信。古人相信，狐仙古灵精怪，诡异无常，常常会做出一些令人意想不到的怪事、奇事来，把这位神仙供奉在此，日夜香火不断，让它有吃有喝，心满意足。不但能够减少府衙的怪异之事，还能够让它替自己看好印信，守护好私邸，防止别的怪异精灵的骚扰，减少意外的损失和伤害。这个习俗，在山西省乃至全国许多地方都有。

提到平遥，必然要讲一讲晋商在中国近现代史上的地位和作用。其实，晋商不仅仅在晋中地区，相邻的吕梁地区的平川四县也是晋商的发祥地，主要就是平遥、太谷、祁县、介休、汾阳、孝义等县市，咱们还是回过头来说说平遥的商家大贾吧。

现在人们一提到晋商，就会提起平遥的日升昌票号。日升昌票号的大掌柜雷履泰是个很有作为的企业家，用现在的话说是个超有远见的企业家。他从当时很兴旺的银庄业务中发现商机后，便毫不犹豫地进行改革和探索。当时，晋商创立的票号主要经营存款、放款、汇兑业务，对于通汇通兑、异地汇兑等业务全部按照现代银行的规制进行。

须知，那是在近300年前的中国山西，在国外金融业务尚未涉足中国的时候，在还没有任何现代工业基础，没有电、没有电报电话、没有传真电讯的条件下，在运输仍然是人带马驮，种种条件与几千年前几乎没有什么变化的情况下，由山西商人创造出来的现代金融业管理体制。日升昌票号的这一大胆的探索，取代了镖局长途押送银两进行异地汇兑的旧式体制，使得中国的金融业一下子迈进了现代金融业的门槛。这不能不说是一大创新，是一项山西人独有的创新。

从古至今，山西商人做的业务一直比较大，明朝以前是运送食盐。明朝初期海盐大规模开采出来以后，沿海地区对山西运城潞盐的需求量大量减少，以前以运盐为主的山西商人大都改做茶叶、粮食、丝绸等大路产品的买卖。据说，当年，往乌兰巴托、莫斯科等地运送茶叶和各种货物，小一点儿的驼队有几百峰骆驼，大一点儿的有几千峰骆驼。每年，山西商家都会组织一到两次特大型的联合行动，各家统一组织好货源，统一时间、统一行动，组合起来就是一支近两万峰骆驼的驼队。而且是要动用最大的几个镖局的镖师进行联合护卫，为的是使商队的安全得到充分保障。晋商们集体行进，既壮大了自己的队伍，也利于抵御小股土匪的骚扰，这样就能充分保证所运送货物的安全。

当时，全国有名、有一定实力的镖局只有50多家，南方的许多城市一家镖局都没有，而在平遥，一个县就有22家镖局，再加上太谷县和周边几个县，应该说，力量最强大、最有名气的镖局，有一半以上是在晋中及其周边的几个县谋生计，这应该是现在许多人根本想不到的。仅从这个方面，就足以说明当年晋商的实力，说明当年晋商经商的气魄和胆识。

前一段时间，福建的武夷山地区为了发展旅游业，专门开辟了一条当年晋商的茶叶故道，把当年晋商在这里组织种茶、收茶、制茶和运往全国各地的历史再现于武夷山地区。近300年间，晋商的实力在金融业的带领下得到了长足的发展，1861年，仅平遥一个县在全国开设的票号就达到了367家，遍布全国68个大的城市和商埠重镇。日升昌票号当时的年营业额就达2000万两银子，这一家票号一年的经营银两，就几乎相当于清朝雍正年间朝廷财税总收入的40%。如果把平遥县、晋中地区这块都做个粗略统计的话，应该说，税收几乎达到了当年全国金融业经营总量的一半以上。

还有一个突发事件，可以证明晋商的实力。清朝末年，清廷在遇到财政困难时，慈禧太后先是向本家各位富可敌国的王爷们借钱，但这些王爷们有的耍奸躲避，有的哭穷喊冤，总之找出种种借口，不愿意出钱出力为朝廷解忧。在万般无奈的情况下，慈禧太后首先想到的是晋商的银子和实力。她为了镇压义和团，稳定清廷统治，不得不屈尊亲自向山西商帮开口，向山西在京城的商家借银子300万两，并用皇宫里外国人敬献的金火车头钟做抵押，并且信誓旦旦地保证一定按期归还所借银两。但清廷最终还是食言了，慈禧太后的承诺也打了水漂。八国联军攻入北京城，慈禧太后带着光绪皇帝南逃西安，大清江山风雨飘摇。慈禧太后归天之后，原来答应的一切都化为乌有，不要说答应晋商还钱的承诺无人再管，就连大清江山也无人再管。慈禧死后，仅过了三年多的时间，大清王朝土崩瓦解。作为抵押的金火车头钟至今仍在太谷县的“三多堂”里存放着，从一个侧面向世人展示着当年晋商的实力。

晋商不但开创了金融汇兑的先例，而且在金融管理方面创造了许许多多的“中国第一”。出于对金融汇兑行业安全的考虑，日升昌票号首创了汉字密押体系。在这个密押体系中，他们把汉字数字壹、贰、叁、肆、伍、陆等用另外别的汉字代替。一张银票上，看似毫不相关的一行大字，有时连读通顺都相当不容易，而这正是日升昌票号的一张汇票。为了不让外人了解汇票的规律性，总号再定期更换其中的字，让人根本无法发现其中的规律，更无法伪造和仿制汇票。总号还在汇票的四角独创了日升昌票号的验票水印，这种验票水印或有意变化，或故意缺失，或明面上的字掩饰暗藏的符号。反正是在外人难以觉察的地方，做出常人想象不出的记号，来暗中证明这张汇票的真假。就如同现在的人民币印制技术一样，做出了多种防伪装饰。在这种强大的制度管理和细致入微的用心经营下，日升昌票号从创立到歇业的近百年中，在金融汇兑业务方面从来没有发生过泄密事件，更没有为此蒙受过不必要的财产损失。

这里面，除了制度方面的特殊规定外，日升昌等山西票号对于管理人员还有许多道德方面的约束。

平遥及附近县的老板们，对各地票号“掌柜”的管理是非常严格的，甚至可以用不近人情来评判。山西本地派出的“掌柜”，在所经营的地区，有明确的几个“不准”，如不准在当地纳妾、不准嫖娼、不准抽大烟、不准在外面过夜等等。这些要求的唯一目的，就是防止“掌柜”在与当地的商业交往中掺杂特殊的人情关系，就是不准山西派出的“掌柜”陷入当地复杂的人事、社会关系中，进而出现贪腐，出现难以收拾的局面。就是在今天看来，晋商的这些严苛的规定也是非常必要的。

山西“金融帝国”的整体衰败是近现代史上一个令人费解的大事，许多高校都有学者在探索和研究，大家比较一致的看法有以下几点：

一是19世纪末至20世纪初，中国的商业模式进行了时代性转换。国际商业资本的大规模进入，政府现代银行的组建，沿海大都市的迅猛发展，财富的迅速集中，使得在山西这个地方，靠家族式经营的商业体制受到了“致命性”挑战。

二是从辛亥革命到抗日战争全面爆发的这几十年间，中华大地上连续不断的军阀混战，一次次阻碍了中国经济的自然演进，最终撕碎了山西商人的梦想。从太平天国到义和团运动，再到辛亥革命，再到后来的军阀混战，不要说经商办企业，就连作为普通老百姓正常过日子都艰难了许多。这样的政治形势，这样的经济形势，使得处境艰难、走投无路的山西商人节节败退，最后不得不退回到自己的深宅高院之中。

还有一个客观原因是，俄罗斯修建的西伯利亚大铁路，从莫斯科直达太平洋沿岸的海参崴，从欧洲西部直接到达亚洲东边的太平洋沿岸，俄罗斯人用现代化的方式把这些地方的生产、生活带动起来。尽管初期运行不太正常，但这种现代化运输方式必然会取代几千峰、上万峰骆驼的旧式运输方式，山西商帮沿用了几百年的原始运输方式，在现代化的汽车和火车面前遭到了毁灭性的打击。

著名学者余秋雨先生在他的名著《抱愧山西》一文中，对山西商帮的兴起、衰败都做了非常详尽的分析，他认为，“我们不能因此而把山西商人败落的原因，全然归之于他们自身。就一二家铺号的兴衰而言，自身的原因可能至关重要，然而一种牵涉无数商家的世纪性繁华的整体败落，一定会有更深刻、更宏大的社会历史原因”。

是的，在现代化大工业面前，不单单是山西商帮，整个中华帝国都遭到了毁灭性的打击。军队不堪一击，小手工业不堪一击，小的金融汇兑产业不堪一击。中国必须与世界各国共同发展、共同繁荣，山西商家的兴衰史充分证明了这个颠扑不破的真理。

平遥古城（二）

平遥古城有着完整且规范的明清古院落和大量的古建筑，它凭借汉民族独特而丰富的文化遗存为人们展示了一幅非同寻常的文化、社会、经济及宗教发展的完整画卷。

平遥古城是我国境内保存最完整的一座中国古代县城，是中国汉民族城市在明清时期杰出的范例。在古城中，各类庙观林林总总，有玉皇庙、真武庙、帝尧庙、五道庙、二郎庙、城隍庙、土地庙、财神庙、火神庙、灶君庙、雷神庙、白虎庙、龙王庙、关帝庙、文昌庙、介神庙、三官庙、鲁班庙、井神庙、文昌阁、魁星楼等。总之，明清时期中国民间崇祀时最常供奉的各路神仙都能在平遥城里安享其位。经过几百年的演变，沧海桑田，物是人非，平遥城里比较热闹的去处已经有了很大的变化，现在清虚观全真道场、城隍庙等几处仍然香火旺盛，关帝庙、天昌庙仍然安享着昔日的尊荣。但相当一部分原有的庙宇则不同，有的香火寥寥，有的完全不见了踪影。

关公成了财神爷，关帝庙成了各地香火最旺之处。在全国，甚至全世界的华埠，作为被供奉的神灵，关公默默保佑着中国商人事业的发展。我始终觉得，这件事与山西人有着直接的关系。明清两朝，晋商在各地经商。为了商贸往来的需要，晋商纷纷在所在地修建了晋商会馆，有的也叫三晋会馆或全晋会馆，还有少数和陕西商人合伙修建的山陕会馆。不管对外名称是什么，晋商会馆都是这些商埠、城市的标志性建筑，房舍院落高大庄严，内部铺排也豪华讲究，往来的客人也大多是当地有头有脸的人物，这一切，都为山西商家争得了荣耀和面子。在晋商修建的会馆里面，有两样建筑是必需的，一座是关帝庙，一座是戏台子。晋商会馆里修建关帝庙，是晋商们企望这位家乡的关圣帝君能够保佑同乡的商人们财源广进，用他的威名和忠诚度来感召社会各界人士。修建戏台子，是在此经商的山西人时不时想请家乡的或当地的戏班子唱戏，同时邀请当地的政商上层人士看戏，进行一些商贸的公关活动，以便和当地政商两界人士搞好关系，以利于晋商在当地的市场开发和经营管理。还有一点是，晋商的伙计和普通管理人员，按规定是三年一省亲，这三年期间，只能是全心全意为钱庄或商铺的业务尽心尽力，不能有丝毫的懈怠和闪失，更不允许私自外出干一些有失身份的事，所以说，适时请家乡的戏班子来演出，也是对这些远在外地的山西人的一种心灵的慰藉。

所以，自明清往后，各地的晋商会馆都建有关帝庙和戏台子，这已经成了晋商会馆的基本建制。在苏州如此，在西安如此，在汉口亦如此，在全国各地基本上都如此。但凡有不一样的，或是说没有上述两者或只具其一者，只要仔细查证便可知晓，大多是被强行拆除掉了。在北京的晋商会馆，当然不止是晋商会馆，包括湖广会馆也建设有戏台子或戏园子，他们的这一套做法几乎都是从晋商那里学来的。

关老爷在明清两代被供奉为财神爷，尤其在海外，现在更是华埠商家的保护神，到处都有关老爷的形象和庙宇。这一点应该说是源于山西会馆的影响力、感召力。关老爷春秋大义，忠心不二，傲骨非凡，宠辱不惊，实为世人典范，当然，也应当成为商家的最高典范。其实在此之前关老爷被封为关圣帝君，与孔老夫子一起，作为文武两大圣人，享受一方香火，为一方百姓带来福祉。

平遥人是很有些商业机敏的，这可能与遗传基因有关系。数百年来平遥人靠着这种机敏的反应能力和应变能力，渡过了无数的难关，闯过了许多艰难险阻，同时靠着这种应变能力，开创了许许多多崭新的业绩。就是在现今的形势下，平遥人的这种探索创新能力也仍然在发挥着巨大的作用。

了解平遥的人都知道，平遥县里有很多客栈，接待外地来的客人主要靠这些档次不一的客栈，这种情况在别的地方是不多见的。县里也建有几个高档宾馆，但和高档宾馆条件不相上下的客栈却遍布大街小巷。一座四合院或者相连的几座四合院，就是一个四合院式的家庭客栈。利用原有的中国四合院特有的优势，在房间里边安装上现代的卫浴设施，虽说是家庭客栈，但里面的各种设施和服务绝不比四星级、五星级的宾馆逊色。吃饭更是方便，只要提前预定，或提前同老板娘打声招呼，各色地方土特食品、山西乡村美食，可以说是应有尽有，保证让客人满意。这种家庭经营型的客栈，就是平遥人在现代社会里的创造。

一个家庭经营的客栈，客房有二三十间，有的有床铺，有的是中国北方特有的火炕，平遥人以特有的精明把这一产业经营的风生水起。连法国前总统德斯坦到平遥参观访问，也是住在平遥的一家私营客栈——德居源客栈。这家客栈是平遥县城最早的客栈之一，院子不大，客栈里也就只有不到 20 个床位，但经营管理得比较好。老板夫妻原来都是平遥纺织厂的工人，老板是保全工，老板娘是挡车工，夫妻二人均在早年下海，如今经营管理着这家客栈。许多知名度较高的客人，到平遥参观游览时，都指名要住此客栈。由于经营管理得好，这家客栈现在已是平遥知名度最高的民营客栈之一。旅游旺季，要想住在这里必须提前预订，现在这家客栈早已是网络预定，现代化经营，经营方式、经济效益早已是今非昔比了。

平遥人不喜欢循规蹈矩，不喜欢人云亦云，不喜欢按部就班，每个人、每一户都在努力寻求变化与超越。这一点，最明显地体现在平遥推光漆器的生产上。

平遥县有一种著名的传统手工艺品叫作推光漆器，已经有1000多年的生产历史了。其实，漆器在我国历史很悠久，湖南长沙的马王堆汉墓，其他地方的汉墓都有古代漆器出土，而且保存得还比较完整。而平遥县的推光漆器，是平遥县最有名的一张历史文化名片。平遥的推光漆器同山西新绛县的云雕漆器、山西稷山县的螺甸漆器一起，并称为山西三大名漆产品，这在全国都是非常有名的。

现在平遥推光漆器应该是这三大漆器中保护得最好、产量最大、在全国知名度最高的。光在平遥，就有大大小小上百家企业在生产推光漆器。推光漆器制作工艺是在制作好的家具上用手掌推抹油漆。因人的手掌推抹油漆时感觉更直接、更敏锐，故生产出的漆器光洁度更好。平遥推光漆器光上漆就要好几十遍，而且用的是生漆，不是现在普遍的化学漆。数百年来，平遥推光漆器一直是皇家用品，是皇家馈赠外邦的重要礼品。推光漆屏风、珠宝盒、女人的梳妆盒、特制家具等都有很高的艺术价值和实用价值。这一切，都是平遥人最为津津乐道的。在平遥县城里，有各种推光漆器的展示厅，各家都在推陈出新，竭尽全力地拿出比别人更好的、更适合市场需求的产品来。平遥的几位国家级推光漆器工艺大师也在尽心竭力地探索着推光漆器生产的新路子，以为企业创造出更多的效益来。

从艺术品生产的角度，认真、客观地评判，平遥推光漆器确实有先天不足之处。它是工业产品，用手工制作，本可以制作出非常强的艺术品效果来，但它说到底是手工业产品，艺术品特有的灵动性、鲜活性和臆想性在工业品上是难以淋漓尽致地表现出来的，而手工业品的僵硬和呆板却很难去除掉。我曾经非常认真地看过许多漆器，都存在这方面的问题。很多平遥的推光漆器制作大师，也在认真探寻解决这个问题的办法，但要彻底去除僵硬、刻板、匠气，是非常难的事情。

在中国的书画作品中，花鸟鱼虫和山水是最主要的展示内容。齐白石的虾、郑板桥的竹子、白雪石的牡丹、黄胄的毛驴，这些大师们的代表作品都带有一种特有的灵气，鲜活灵动，而这些技艺是别人难以学到手的，他们的作品也是别人根本模仿不了的。在中国历史上，苏绣、湘绣、蜀绣、粤绣等几大名绣都在用针和线探索这条路子，而且在真正的上等刺绣品中，似乎还能感觉出同样的书画题材中的鲜活性之十之八九，如果说这几大绣品尚且如此，那么在漆器中只能感受到这种鲜活韵味的十之三四了，和书画作品相比，真正是相去甚远了。尽管平遥推光漆器的生产者们做出了极大的努力，但还是与书画作品无法比肩。

平遥县在山西是一个很有代表性的县，平遥人在山西是一群很有特点的人，他们精于算计，善于创新，但是，与他们的前辈们相比，与平遥商人当年走出去，闯荡四海，闯出一片新天地的勇气和能力相比，已不能相提并论了。平心而论，我很佩服平遥人，我的好朋友中也有几个是平遥人，他们也都是很有想法、很有创意的。但不管怎么说，与他们的先祖的那种叱咤风云、纵横四海相比，总有那么点缺憾，总有那么点不足，总是让人感觉到平庸多于非凡，创新少于继承，而且绝大多数都坠入平平常常的“一日三餐”，缺少了他们先辈们的那种意气风发的冲天豪气和魄力。

解州关帝庙

山西省运城市的解州镇是武圣帝君关羽的老家，这里建有全国最大的关帝庙。

关羽又名关云长，是东汉末年刘、关、张“桃园三结义”中的二哥，也是西蜀刘备手下的“五虎上将”之首。在那个战乱的年代，关羽与刘备、张飞结义为生死兄弟。在以后的岁月中，关羽、张飞辅佐刘备为恢复汉室江山出生入死，赴汤蹈火在所不惜。关老爷与孔夫子并称为武圣、文圣是后来的事了。后来，社会发展到一定阶段，统治者为了社会的稳定，为了维护自己的利益，认为国家不但要有仁义礼智的典范，还应该有忠君义胆的化身，这样，广大有志之士才能有学习的榜样。四川成都有联云：

"孔夫子，关夫子，万世两夫子；修春秋，读春秋，千古一春秋。"从唐宋开始，历朝历代都在倡导孔老夫子、关圣人的道德典范，在全国各地，全世界华埠地区，基本上都有文、武两座圣人庙，尊崇文、武两位圣人早已成为中华文化的核心要义。

山西省运城市是关老爷的故乡，这里有全国最大的关帝庙，在距离解州东边两三千米的关老爷老家一个叫作常平村的村子里，还有一座关老爷的家庙。现在，运城市每年都会举行全国性的关公文化节，以纪念这位武圣人，艺术节上从全国各地请来的文艺团体都会用最高水平的节目来纪念和赞美中国传统文化的久远和丰富。

"桃园三结义"彰显了兄弟情义，成为中国结义文化中的经典。结义园作为解州关帝庙重要的组成部分，里面与"桃园三结义"有关的诸多建筑，总会令人耳边回响起电视连续剧《三国演义》的插曲来："这一拜，春风得意遇知音，桃花也含笑映祭台……"关公过五关，斩六将，斩河北大将文丑、颜良于马下。曹操为了留住关云长，上马提金，下马赠银，处处设计，费尽心机，但最终都未能动摇关羽寻找大哥和三弟的决心。关公是中国古代忠义的化身，是中国古代凛然大义的化身，是中国古代忠君思想的化身。从东汉末年三国争霸开始，这种忠义便是中华文化的核心价值取向。时至今日，人们敬仰的也是这种坚定的忠义仁勇，是这种受得了任何诱惑的忠义仁勇，反之必然会遭到人民的唾弃。

改革开放以来，运城市对原有的关帝庙进行了拓展建设，园区面积扩大到几百亩，除了新建了一批建筑外，还修建了一座园林、一个占地一百多亩的小湖泊。在这个新修建的园区里，时任海航集团有限公司董事局主席的陈峰，以其母亲的名义，捐款几百万元，而且还请雕塑家专门塑了一尊关老爷的站立像，这尊雕像充分展现了关老爷横刀立马的英雄气概。陈峰也是一个晋南奇人，他大学毕业后在中国民航局计划司、国家空中交通管制局工作多年，但他不满足在机关坐办公室的生活，决定下海闯荡。20世纪90年代，在当时国家政策的扶持下，他创办了海南航空公司。海南航空公司从最初只有半架飞机的投入，到现在拥有数百架飞机、经营着国内外数百条航线，已是国内数得着的、很有实力亦很有前途的大型航空公司。陈峰作为实业界很有名气的大企业家，是现在许多年轻人的榜样。运城市的年轻人，一提起陈峰都会赞不绝口，为他骄傲。

关老爷现在是寰宇之内华人圈里的财神爷。在世界上凡是有华人的地方，就会有关公信仰，在中国如此，在美国、日本等国亦如此，关老爷以自己的赫赫威名庇佑着他的信徒们。

关公故里常平村，村子不大，名气却大，只因这里曾诞生关羽这样的旷世英雄。常平村坐落在南山之下，紧挨着运城盐池，这可是数得着的风水宝地。常平村因为出了大英雄、大财神爷关羽，如今成了运城市的旅游胜地，每天都有成百上千的游客到关帝庙和关老爷私邸来朝拜。运城市为了更好地扩展关公的影响力，在常平村修建了一座高八十余米的关公塑像，很是威风，很是霸气。

如今流行着一句话“五千年文明看山西”，说的就是当中华民族走入原始社会末期、奴隶社会的初始阶段，也就是大约在5000年前，尧舜禹和他们部落的臣民们，就都生活在运城盐池附近。我们还可以继续联想，中国历史上的几大都城，离运城的距离都在250千米左右，西安、洛阳等基本上都是如此，离得太远，远距离运输大量的食盐，运输和管理的难度较大；离得太近，或者直接进入山西境内，这里土地贫瘠，沟壑纵横，遇到的困难将会更大。因此，只能在一定的范围内，在当时有限的条件下，建立都城。这种地理格局的形成，不是某个人的意志决定的，而是当时经济、政治和社会发展的产物。在黄河岸边，在离运城盐池有限的距离范围内，形成了多个这样规模的城市，形成了这样的人口聚集地，要建立一个国都，当权者们只能从中进行选择，而不可能有别的选择，这就是历史的决定性。

为了保证运城盐池的盐能够源源不断地运往全国各地，历代统治者费尽心机，想了很多办法。历朝历代都有专门的运盐驿道，在黄河上都设有专门的渡河码头，茅津渡、蒲津渡、风陵渡等就是历史上几个最有名的黄河古渡口。这些古渡口的设立，主要是为了官家运盐运粮，当然，民间的运输也是其中重要的部分。唐朝时期，国力强盛，国家集全国之力，修建了黄河浮桥。新修建的浮桥是用铁链把浮桥下面的船连接起来，两岸用铁牛固定连接船的大粗铁链，以防止水的冲力太大而导致船移位或被冲走。为了加强两岸的拉力，保证浮桥的稳定性，两岸各铸有4只铁牛。这样，铁牛拉紧铁链，铁链稳住船只，船上铺设木板，一座完美、标准的浮桥就建好了。这座黄河上有名的浮桥，从唐朝开始一直使用到清末民初。1000多年间，这座世界上最年长的浮桥为中华民族的发展立下了汗马功劳。

出于对历史文物的保护，国家只允许开挖其中4只铁牛，以供游客参观。因为实际情况表明，开挖出来的唐代大铁牛，风化锈蚀得十分严重。专家们挖空心思，做了各种试验，都无法解决出土铁牛的锈蚀风化问题。现已挖出的铁牛还在锈蚀，风化成铁屑，铁牛庞大的身体还在一层层地剥落。

遥想当年，朝廷为了保证盐道的畅通，举全国之力，修建黄河浮桥，真正不惜工本，不怜国力。须知，中国古代社会一直实行的都是盐铁统购政策，因为食盐的销量和销售区域反映着人口数量的变动情况，生铁的使用情况则反映着武器制作、社会安全的相关情况。

其实，当时朝廷为了运城盐池的安全，在盐池周边专门修建了防止洪水冲进盐池的绕线渠。绕线渠环盐池一周，普遍高出地面两米左右，不管洪水从哪个方向来，都会被绕线渠引向别的低洼地，绝对不会冲进盐池。因为数千年来，每个统治者都深知保护运城盐池的重要性，都深知保住盐池就等于保住了国家的税收，就等于维护了社会稳定，保住了自己的江山。

在运城盐池，历朝历代的统治者们还专门建有自己的特别护卫队，护卫队的主要任务就是防止附近的村民和少数流窜作案者偷盐抢盐。因为当时国家实行的是盐铁专卖，凡私运私售食盐者必须处以重刑。盐铁专营制度实行了2000多年。盐铁专营管理中，生铁一项早就放开不管了，食用盐专营制度一直延续到近年才正式放开，可见盐的重要性。在运城市的老城区有条有名的街道叫侯家巷，侯家是清政府指定的盐业专营户。运城当地人都知道侯老爷家“日进斗金”，知道侯家比运城的道台老爷还有钱。八国联军攻占北京后，强迫清政府签订了不平等的《辛丑条约》，这个条约俗称“庚子赔款”，《辛丑条约》中明确规定，赔款还清一事，以海关税、常关税和盐税作担保。

现在在运城市的运城宾馆里面，还有两座由纯木板铺就地面的二层小洋楼。这两座西式风格的小洋楼，很引人注目。一打听才知道，这就是当年《辛丑条约》签订后，负责监督盐业税收的洋大人的住宅。多少年来，这两座小楼随着时代的变迁和社会的进步，体味着国家崛起的自信和荣耀。

在运城盐池的正北方向，建有一座池神庙，专门用来供奉盐池的“池神”。这个位置居高临下，站在上面可以巡视整个盐池，这在全国恐怕也是绝无仅有的。明朝以后，海盐的生产获得了突飞猛进的发展，开始逐步取代运城盐池的潞盐（池盐）。四川的井盐虽然开发生产得较早，但两个致命的原因限制着井盐的发展，一个是井盐的产量一直不高，很难在全国市场占据主导地位，虽然历代统治者一直大力扶持，但终究难成气候，仅仅在中国西南一隅占有统治地位。井盐的产量决定它不可能在中国盐业发展史上占据统治地位。二是井盐不但产量有限，运输更是问题。古人云：“蜀道难，难于上青天。”四川，包括云南、贵州，历来人员、货物的进进出出都是大问题。各种物资，外面的进不去，里面的出不来，所以才有大诗人李白发自肺腑的感慨！

实事求是地说，运城盐池的池盐一直是中华民族发祥地的根本支撑。没有这一池盐水，就没有中华民族早期的发展，就没有尧舜禹时期原始公社的出现，就不会有盐池周边地区人口、生产能力、社会综合实力的发展。这是历史的客观存在，是不以人的意志为转移的。

有意思的是，在西半球的一个与运城盐池纬度几乎相同的地方，也有那么一池盐水，那就是美国盐湖城的大盐湖。美国盐湖城的盐湖和中国运城的盐池，大小差别不大，难分伯仲。关键是两地气候特别相似，都是夏天酷热难当。由于盐池水的挥发作用，当地的温度在夏天大大超过别的同纬度地区，在冬天倒是差别不大。前几年，美国的盐湖城还主办过一届冬季奥运会。笔者在山西运城和美国盐湖城都住过一段时间，对运城的热是深有体会的。在盐湖城的时候也是正值盛夏，那种干燥、炎热的感觉酷似在山西运城。整个夏天最热的时候，从早到晚都是又干燥又炎热，空气中没有一点儿湿气，没有一丝丝的凉风。盐湖城不远处就是美国的国家公园——黄石公园，这是一个旅游的好地方。我和几位好友早晨开车进入公园，到黄石公园游玩了一整天。公园里的棕熊、野狼、野牛都是放养的，自由自在，似乎是无人管理。游客们只能在较远的公路边上看看这些凶猛的野兽，有的开车缓慢行走，边走边看；有的停下车来，就站在汽车周围，或拍照，或欣赏。当有野兽走来，游客们就得赶快上车，迅速离开，以防遭到野兽的攻击。

黄石公园里面的地热喷泉是全世界最有名的，所有游客都会参观这里的地热喷泉。在这个举世闻名的地热喷泉群中，有在任何时候都变化不大的“老忠实喷泉”，它每隔 45 分钟到 2 小时就会喷出几十米高的热水。在去“老忠实喷泉”的路上，有好几十个大小不一的热水喷泉。奇怪的是，还有一个叫作“中国锅”的小热水喷泉，整个泉眼大约就有中国农村五六口人家使用的铁锅那么大，而且相当圆润。不知道当时为什么取了这么个名字——“中国锅”，更不知道是美国人取的，还是中国人取的。黄石公园里有一条河叫作蛇河，这条河就像它的名字一样弯弯曲曲。河水清澈无比，非常干净。

有趣的是，这两个盐湖所处的纬度几乎相同，而且大小、各种情况都相差无几，周围的地形、地貌也非常相像，这是非常令人难以想象的。可见，有许许多多自然之谜，需要我们去研究，去破解。

◆ 运城盐池

王家大院

王家大院

山西大院多，这是旅游界的一致说法。你看，乔家大院、曹家大院（又称“三多堂”）、王家大院、渠家大院、常家大院、李家大院。山西各地都有一些大大小小的院落向旅游者开放，大院里还有许许多多的展品吸引着各地游客的目光。

山西大院多有两个原因：第一个原因是像余秋雨先生说的那样，山西人在外面经商的多，他们在外面挣足了银子，然后带上钱回家盖房子，盖大房子，修大院子，这样做既给自己挣足了面子，也给老祖宗挣足了面子，光宗耀祖，山西人图得就是这个。第二个原因是山西这块地方，旱涝保收，没有大的灾荒，尤其是没有大的洪水灾害，民间院落保存得比较多且较为完整。不像华北平原上的其他几个省份，大灾大害频繁，黄河在历史上是“三年两决口，百年一改道”。尤其是在山东、河南之间，黄河在华北平原上早已成为了“悬河”，高出周边三五米，成为悬在黄河两岸百姓头顶上的一道黄水。黄河一旦决口，或是向南直冲过去，“夺淮入海”；或是从南边北上，向山东北部，入侵海河流域入海。黄河一旦泛滥改道，整个华北平原上的人都不得安宁，老百姓们流离失所，拖儿带女，逃荒要饭，那种惨状真是让人难以描述。历朝历代的统治者们年年都拨出大批银子治理黄河，但黄河年年都会泛滥成灾，祸国殃民。黄河一旦改道或决口，遭殃的就是几个县、十几个县，甚至几十个县的老百姓。黄泛区的老百姓带上家里的一点粮食和衣物，成群结队地逃荒，原来家里的房子、土地，或被黄河水淹没了，或被大水冲毁了。面对奔涌来袭的大洪水，平原上的百姓是没有任何抵抗能力的。河南人把自己遇到的大灾害，说得更简便上口——“水、旱、蝗、汤”，前面三个大家都明白，水灾、旱灾、蝗灾，后面的“汤”指的是汤恩伯。抗战初期汤恩伯是中原战区司令，他奉蒋介石命令，为阻挡日军西侵，炸开郑州以北的花园口黄河大堤，结果是日军没挡住，河南的老百姓倒是淹死了几十万，另外几百万抛家别口，出外逃荒要饭。浩浩荡荡的逃荒大军震惊了全国，河南人把“汤”也列为大灾害之一，“水、旱、蝗、汤”的说法实在是幽默，既上口，又好记。

山西大院多，这其中，乔家大院和曹家大院没有遭到任何破坏，原汁原味地保留了下来。其他的都有不同程度的破坏，当地政府都进行了精心的维修，修修补补地做了不少工作，但核心部分都还是原来的老样子。

王家大院是山西诸多大院中最大的一个了，它现在开放给游客的是高家崖建筑群、红门堡建筑群和孝义祠等，尚不足王家大院的四分之一。以上两个堡子加在一起共有院子123座，房屋1100多间，总面积4万多平方米。王家大院仅就建筑规模而言，可以说是非常宏大，而且是几百户王姓后人住在一起，这样的居住方式和管理方式也是十分罕见的。王家大院的“大”是名副其实的，正因为其“大”，所以建筑时间也很长，王家大院的修建从明朝末年一直延续到清中期嘉庆年间，前前后后一共用了近200年的时间。

在山西的各类大院中，防止匪患一直是当时建筑大院者考虑的核心问题之一。王家大院依山势地形而建，北高南低，北面驻守着守护大院的兵勇乡丁，兵勇们站在高处，可以看见大院的各个地方，有利于他们的护卫防守。大院外侧一圈修建有 3 米高的围墙，围墙上面有步道，便于巡逻队夜晚巡逻；大院里面再分为街、巷、户，既便于管理，也便于通行。

历朝历代，匪患一直是一个最让老百姓头痛的问题，那些被贪官污吏逼得铤而走险的人们，结伙为匪，为害乡里。在这种情况下，许多地方的老百姓为求自保无虞，便在乡里保丁的安排下，建起了像王家大院这样的城堡。在北方是像王家大院似的高家崖建筑群或红门堡建筑群，在南方，就是福建等地现今还保留着的圆形土楼或各种石雕楼。就说这种圆形土楼，有的是一个单独建的，也有三四个建在一起的，防守土匪侵扰时，互为掎角之势。一旦土匪来袭扰，土楼大门一关，单靠二三层的窗口就可以相互掩护，用弓箭射杀外面躲在一楼墙角的土匪。一旦土匪企图逃窜，各个土楼还可以共同出击，一起联合起来消灭土匪。本来防匪防盗是官府的责任，但是，即便是这种官府应该管的事情，也不能靠官府去办，先不说中国历史上常常有“官匪一家”的说法，官靠缉匪防匪挣黑心钱，即使是真心防匪的官员，收缴的防匪所需的各种费用也会令百姓们的生活雪上加霜。所以，老百姓即从保护自身考虑，从起步阶段做起。

紧邻王家大院的静升文庙，于 2013 年被列为第三批省级文物保护单位。静升文庙前面的那方照壁格外引人注目。

那方照壁的内容是“鲤鱼跳龙门”，这是一个在中国人人皆知的典故。静升文庙当年立此照壁，就是希望静升镇子弟能够科举高中，成就一番伟业。

照壁中间是黄河激流中的一座龙门，龙门上空云彩缥缈中盘旋着两条龙，一条龙仪态凛然，像是一个威严的考官；一条龙慈祥和蔼，更像是一个喜爱后生晚辈的长者。一群鲤鱼在龙门前面的黄河激流中翻腾冲跃，这一群逆流而上、冲跃翻腾的鲤鱼，大多数还在汹涌的波涛中挣扎向前，朝着龙门挺进。只有一尾硕大的鲤鱼，已经冲跃到龙门前的惊涛骇浪之中。只见这条鲤鱼的尾部还是原来的模样，但是这条鲤鱼的头部已经在冲击龙门的惊涛骇浪中，现出了龙头模样。虽然乍现初嫩模样，但只要全身跃过龙门，它就不再是一条鱼，而是变成一条龙了。中国人历来把经过艰难困苦的奋斗，从而改变了自己地位的事，称为“鲤鱼跳龙门”。这方照壁已经明确地告诉人们，鲤鱼跳龙门就是要经过艰苦奋斗。只有奋斗，最终才会成为一条龙，成为一条威风凛凛、万众瞩目的真龙。

我一直认为，这是我见过的最好的照壁图案，也是中国传统文化中最意味深长的现实教育。这个照壁内容尚且一般，是人尽皆知的故事，说它好，是因为照壁中两条龙的表情，还有那一群欢腾拼搏的鲤鱼的形象，都是我见过最生动、最真切的。我在全国各地看过各式各样的照壁，北京北海公园的九龙壁，山西大同的九龙壁，虽然均修建得流光溢彩，但内容太单调。而静升文庙的这方照壁，展现的虽然只是一个普普通通的、在中国尽人皆知的“鲤鱼跳龙门”的故事，但是却雕刻得活灵活现。照壁立在静升文庙的门前，体现了静升镇源远流长的人文传统。

在灵石的王家大院里，还散落着一些小型花园。这些小花园修在王家大院的一座座院子之间，每个都不大，有的是一个院子大，有的占有两三个院子的地盘。应该是当年尚未修建院落的地方，先拿出来建成小花园，既不浪费土地，还可以为大院增添点色彩。花园虽然不大，但管理得却非常好，花木修剪得也非常仔细。花红柳绿，在北方的黄土高原上，在灰蒙蒙的青砖灰瓦白墙之中，显得格外漂亮，格外突出。

王姓在全国是靠前的大姓。王姓的发祥地就是太原，太原市乃至山西省的王姓人士非常多，这也是地域特色。在某个地方，某个姓氏的人会比较多。在某一地域，人的名字中某几个字就用得比较多，这都是中国地域特色的表现。例如在上海，男人的名字中用“国”“兴”“宝”等字的就相对多于别的地方。在山西的晋中市，男人的名字中用“则”字的就明显多于别的地方。至于说到地方特色，如北京人用“京”字、山西人用“晋”字、四川人用“川”和“蓉”字的特别多，云南人用“云”“滇”

字的特别多。这是个普遍现象。跟着地域的称谓走，也是当代人取名字的一个惯例。

王家大院是清代民居建筑的集大成者，它院中有院，院中有街，院中有园，人们平常生活中所需要的一切都可以在院中解决。在遇到危机的时候，在内外交往不正常的时候，大院的门一关闭，里面自成一体，攻防皆能够自成体系，外来入侵者很难如愿。

王家大院如此，周围还有几个城堡也是如此，例如崇宁堡、和义堡、凝固堡等，都建成了此种类型的防御体系，在离王家大院十几千米外的介休县张壁古堡也是如此。

张壁古堡是在唐朝初期修建的，距离现在已经有1300多年的历史了。不知道是此地一直是一个匪患不息的是非之地，还是这个地方的百姓警惕性非常高，以至整个古堡中的居民时时刻刻都处在高度警惕的状态。张壁古堡与各个大院的不同之处在于，一个修建的是地下通道，一个修建的是高墙深院。

山西晋中这块地方特别重视防卫措施的原因到底是什么？百姓富有，官府无能，土匪猖獗，防患未然？总之，一定有某些决定性因素使得这里的村民们处处防范，时时警惕。

现在想来，百姓富有肯定是一个主要因素。山西的商家、地主历来爱积攒钱财，不奢侈、不浪费、积少成多，当下的节约是为了未来的无忧。当然，山西人在盖房子时是舍得掏钱的，要不然整个山西不可能保留下那么多大院景观。官府无能也应该是一个直接原因。官府如果有作为，百姓自然而然会支持官府，服从官府；官府如果不作为或是动作慢、能力弱，百姓在遇到危机时依靠不上，就只能自己想办法，为自己的安全去尽心竭力了。

在山西，这种城堡型的村落非常多，雁北地区过去建城堡主要是为了防止游牧民族的骚扰侵害，特别大的豪门主要是为了防止区域内土匪的掠夺，一些边远地区建这种城堡型村落既要防止人的侵害，还要防止野兽，尤其是狼群的侵害。据说，若干年前，山西许多地方的狼灾是非常严重的。狼群在村庄周围呼啸而过，称霸一方。天一黑，普通人根本不敢出门，生怕遭遇狼群的侵扰。

王家大院如今成了旅游胜地，每年都会有几百万游客游览这座民间大院。“皇家看故宫，民间看王家大院。”王家大院如今能够与故宫相提并论，是王家大院的始建者们根本没有想到的，历史往往就是如此。

永乐宫壁画

——中国古代壁画的巅峰之作

永乐宫在山西芮城县北龙泉村五龙庙附近，是山西省运城市的一个旅游胜地。与别的著名景点不同的是，每年不仅有大批的游客到此旅游，而且有许多来自高等美术院校的学生到此临摹写生。据说，国内美术学院的学生毕业前一年，都要到永乐宫临摹，这已经是这些院校学生的必修课之一。这些临摹作品已成为学校评价学生专业成绩的主要依据，所以，绝大多数美术院校对此都非常重视，一般都是由系主任或专业课教师带队。教师们也非常看重带队来永乐宫，他们一方面指导学生临摹，另一方面自己也认真临摹，创作新的作品。

其实，永乐宫现址距原来的永乐镇上的老永乐宫有十几千米，这个永乐宫是在1959年搬迁来的。1959年初，国家开始修建三门峡水库，这是一项治理黄河的重要工程，由苏联人帮助设计，指导施工。中央对这项重点工程高度重视，认为工程完成以后，将会较好地解决黄河年年泛滥成灾的问题。按照设计要求，水库蓄水后将会淹没永乐宫的所在地老永乐镇，为此，国内许多考古学家、艺术家都向中央呼吁，一定要保护永乐宫的壁画，连当时的中国科学院院长郭沫若都出面向中央争取。在众多专家的强烈呼吁下，国家高层领导高度重视这项搬迁工作，周恩来亲自过问此项工作，并针对永乐宫搬迁拨付了大笔专门的款项，陈毅也多次过问此事，责成有关方面解决好这个问题。

在周恩来和国务院其他领导的亲自过问与关注下，永乐宫的搬迁工作不仅完成得及时，而且壁画的保护工作也受到了前所未有的重视。

所以，我们今天看到的永乐宫是搬迁后重新修建的永乐宫，我们看到的壁画是搬迁后重新修复、粘贴的壁画。虽然有过伤筋动骨的搬动，但因为当时确实下了真功夫，确实做了许许多多扎扎实实的工作，最终的实际效果是非常好的，是令人满意的，是可以向历史和人民交代的。

永乐宫搬迁时，当地的民工在文物专家的指导下，把壁画墙体一块一块切割下来，用棉被包好，再用绳子捆紧了，外边用木夹板夹紧夹好，然后用平板车缓缓地运送到指定的地点。当时的要求是不求快，只求好，不能损伤运送的壁画墙体，以保护好壁画墙体为第一要务。当地的民工与文物工作者一起切割，一起编号，一起安装和修复，工作进行得有条不紊。也正是这次整体搬迁工作做得好，做得细致周全，所以，今天，很多游人根本看不出壁画有衔接之处，根本不知道永乐宫有过这段搬迁的历史，而且还是从几十里外搬迁到此地。

永乐宫的原址永乐镇是吕洞宾的老家，现在已经不复存在，永久性地没入了黄河之中。在老永乐镇出生的吕洞宾是八仙中的一员，而且可以说是八仙中的核心人物，很多关于八仙的故事都与吕洞宾有关系。八仙中的汉钟离是他的师傅，铁拐李（又叫李铁拐）、张果老似乎都比他辈分高，但和他的功夫却不相上下。其他排在他后面的几位，诸如蓝采和、韩湘子、曹国舅、何仙姑都是他的徒弟辈，是他引渡教化出来的。永乐宫三清殿的后门上方，有一幅永乐宫壁画中最有味道的画，画面中就只有汉钟离和吕洞宾两个人。他们两个人斜对坐着，汉钟离蓬头拂额，大模大样，自在不拘，吕洞宾袖手凝神，表情拘谨，神态谦卑，仿佛是徒弟在听取师傅的教导。汉钟离伸出两根手指头，似乎在告诉吕洞宾，人生说白了就是两条路：一曰入世，读书做官，经商济世；一曰出家，闲云野鹤，自在逍遥，除此之外，别无他途。吕洞宾认真地听着师傅的教诲，思考着自己的未来。

三清殿是永乐宫的主殿，也是壁画最多的一个大殿，大殿的南面是门窗，大殿的东、北、西三面满当当地画着近 300 位神仙。这幅壁画宽 4. 26 米，长 94. 68 米，面积为 403. 34 平方米，传说这里画的众多神仙是中国传统的 360 个值日神，但现今仅有不到 300 个神仙人物，画面以南极、东极、紫微、勾陈、玉皇、后土、木公、金母等八个帝后妆的神仙界主要人物为中心，将近 300 个神仙栩栩如生而又排列有序地按照中国传统相互对称的仪仗形式呈现出来。这些神仙以坐立俯仰不同的姿态，以喜怒哀乐相异的表情，共同拱卫着“三清”至尊。群仙个个足底祥云缭绕，背后瑞气升腾，一进此殿就令人有一种身临仙境的感觉。

更为突出的是，一进门左右两壁顶头的青龙、白虎星君铠甲铮亮，神采飞扬，非常威武、有气势。

每位帝君和圣母的两侧均有玉女近侍，这些玉女近侍表情不同，眼神各异，有执华盖的，有执祥幡的，有执宝扇的，有撑玉羽的，有捧珊瑚的，有捧鲜花的，个个珠光宝气、优雅端庄。

别的我们不详说了，只说衣饰的绚丽和袍带的飘逸，这些形象生动的神仙，它们的整个形象包括衣饰袍带充满了整幅画面，袍带飘逸飞扬，而且大多有两米多长。这两米多长的飘带，都是一笔画成，没有任何重复、连接和离断之处。几百位神仙站在一起，衣裙的挤褶和各种飘带安排得恰到好处，一笔不多，一笔不少，使整个画面不但显得鲜活，人物不再呆板、僵硬，而且色彩斑斓、错落有致。

永乐宫的《朝元图》距今已有700多年的历史了。该图呈现了各路神仙朝谒元始天尊的宏大场景，堪称中国壁画皇冠上的明珠。在国内，至少有10家左右很有名气的五星级大酒店，都以永乐宫壁画《朝元图》作为大堂的背景画，像广州的花园大酒店、上海的银河大酒店，大堂正面数百平方米的墙上，画的都是永乐宫的《朝元图》。可想而知，《朝元图》的地位和名望是不可忽视的。

永乐宫的第二进殿叫作纯阳殿，纯阳殿内的壁画是《纯阳帝君神游显化图》。纯阳殿又称吕祖殿，吕洞宾是芮城人，这座大殿中的壁画描述了吕洞宾传奇的一生。四壁的墙上共有52幅连环画，将吕洞宾从诞生到成仙度人的故事，穿插组织成一幅有整体感的大构图。仅这一点，在别的地方就不多见。这52幅连环画也就是52个连环故事，每幅画首尾相连，但又千变万化，让人能清晰地分辨出。

这一幅幅连环画，就是距今700多年前，中国封建社会的民间田园小记录。故事是生动活泼的，是富有地方特色的，又是真切的、令人信服的。

在绘画手法上，纯阳宫内壁画人物下笔奔放，墨色淋漓，以极其洗练的线条刻画出人物的神态。每幅连环画主题明确，技法多样，上下左右各幅间用山、石、云、树巧妙地进行联系和隔离，这样既把故事情节巧妙地联系贯穿起来，又不显得杂乱无章，这充分显示了元代民间绘画技艺的高超。

对于山水树木，整个画面则用重彩与水墨相结合的方法，浓淡相宜，布局合理，剪裁得当，恰到好处，画法酷似北宋张择端的《清明上河图》。仅这一点，就可以证明，在元代不但宫廷画师就是民间画工的技艺都已经达到了炉火纯青的地步，可见，整个殿堂的艺术价值不可估量。在永乐宫里，依次排列着无极门、三清殿、纯阳殿、重阳殿，各处壁画虽画风不同，但皆为国之瑰宝。

永乐宫壁画在全国乃至全世界都非常有名，尤其是搞美术的，应该绝大多数都参观过、临摹过永乐宫壁画。我记得，20 世纪六七十年代，一直到八十年代，永乐宫壁画的精装画册，都会被领导人带到国外，作为国礼送给一些国家的元首和贵宾们。

郑振铎先生多年与中国的各种文化遗产打交道，20 世纪 50 年代初，他曾专门写文章介绍永乐宫壁画，他写道："永乐宫壁画是最近几年里发现的最好的古代壁画之一，其风格的高超生动，人物的传神达意、千变万化，题材的丰富多样、无所不有。值得我们美术家们、画家们、历史学家们加以深入细致的研究。这是一个有绝对年代可考的壁画，而且壁画作者们也自置其名于其作品上。在中国美术史或绘画史上平添这灿烂光明的几页或几十页的记载。不是一件小事！"

王冶秋先生曾经主管国家文物局多年，他对各地文物的现状及其历史价值是非常了解的。对于永乐宫壁画，他写道："你看那男男女女，重重叠叠，彩云缭绕，衣饰缤纷……下笔如走龙蛇，莫怪老乡们说这里的壁画天天走动，一天不看就又是个样子了。"老百姓用朴实无华的大实话，真切地道出了永乐宫壁画的精髓。

黄河大拐弯

——老牛湾

黄河从宁夏北上之后，在巴彦淖尔往东一拐，然后一路东行，在山西省偏关县的老牛湾，围着一座山头来了个近乎300度的大拐弯，转了一圈后向南直冲冲地奔去，它拐弯的这个地方就是老牛湾。黄河，还有老牛湾，都流传着许多神奇的故事。

几年来，我多次去过偏关，也多次去过老牛湾。来到老牛湾，总有一种时光倒流的感觉，天高云淡，河静风轻，人迹渺渺，古宅悠悠。我似乎在寻找着古人的足迹，又似乎在抚摸着先辈们的背脊，仿佛回到了过去，更仿佛是在历史的某一时刻与他们对话。

这种感觉我在别的地方从来没有过，只有到了老牛湾才有，它让我感觉到了神奇、神秘……

有意思的是，老牛湾村，既是偏关县的一个村子，也是黄河上一个著名的景观。老牛湾村与别的村落有一个最大的不同点，全村近40户人家的院落和房子都是建在同一块岩石板上的。这块岩石板硕大，也非常坚硬，还非常平整，平展展的，前后的坡度相差不大，各家各户的房子里的地面不用做任何施工，不铺设砖石，不打磨镶嵌，就可以像现在的水泥地面那样光滑平整。而且整个石板裂缝很少，坚硬无比，盖房子、修窑洞根本不用打地基，只需要垒墙盖顶，就可以住人了。

我猜想：这种几十户人家的房子建在同一块石板上的状况，在中国其他地方是不多见的，全世界其他地方也不多见。难怪黄河到这里后，也不得不绕道而行。经地质专家测定，这个山头其实就是一个非常巨大的岩石体。更令人叫绝的是，这块岩石体不但体量巨大，而且岩石体表面非常光滑平整，几十户人家住在上面尚显宽余，连几百年前建的长城的观敌楼，也仅仅是占了这个硕大的岩石上面的一个小角落。

观敌楼也叫烽火台，长城上有很多，每隔一定距离，在地势较高的地方修建，无战事时，屯兵防守，一旦敌人来犯，点燃烽火，传递消息，汇集军马兵力，抗击来犯之敌寇。这里的驻军，主要任务不是防守，而是观察这里河面上的敌情。

据当地的老百姓说，黄河在这一段从内蒙古草原刚刚进入黄土高原，从地形上看，一下子变得岸高谷深。这种地形，在春、夏、秋三季防范入侵根本不是问题，蒙古骑兵不敢来，也不会来侵犯，因为这一段黄河的主体，水深且水流湍急。蒙古骑兵非常了解自己的优势和劣势，面对黄河他们只能是望河兴叹、一筹莫展。而一到严冬时节，黄河上结了厚厚的冰层，蒙古骑兵就有了施展本领的机会了，他们经常过来，烧杀抢掠，主要是抢夺粮食、财物和女人，别的能杀的杀，能烧的烧，对当地汉族边民的伤害非常之大，而汉族这边的守边部队距此又比较远，常常是远水解不了近渴。蒙古军队来了，汉族军队不在，汉族军队撤离了，蒙古军队又来了。老牛湾这座观敌楼的主要任务，就是一旦发现黄河河面上有敌情，就燃起烽火，通报敌情。偏关当地附近的老百姓，一看见烽火台上燃起了烽火，就迅速放下手中的活计，躲进城堡里面，关闭城堡大门，拿起武器，和当地驻军一起，准备战斗。

这种战争状态，从当地的许多村名就可以想象出来。在这里叫堡的村子特别多，什么老营堡、马站堡、水泉堡、贾家堡、楼沟堡、五眼井堡，粗略地统计了一下，现在至少还有近20个村名中带“堡”字。这些名字不但表明了村子的边塞位置，而且表明了它们的基本功能，老营、马站、水泉，提供的都是边塞驻军的必备物资。这种情况在内地是不多见的，而在边关地区则比比皆是，地名就直截了当地告诉了当地的军民，哪个城堡提供什么，你需要什么物资应该到什么地方去领取。当然，但凡叫“堡”的地方都有高高的围墙，都有防守的士兵尽力保护着村寨的安全。

在中国历史上，历朝历代汉族一直和来自北方的入侵少数民族进行着斗争，如匈奴、鞑靼、瓦剌等，蒙古草原上一个民族繁盛起来，必然要向西拓展，在占领了整个蒙古大草原的东部和西部后，就必定走到向中原扩张的老路子上，这似乎成了一个铁律。每过几百年都要出现一次，从有文字记载的历史来看，从西汉开始，这样的战争深刻影响着中国历史发展的进程。来自北方的侵略——这个问题一直困扰着历朝历代的许多著名学者和政治家。如何化解这个矛盾，如何防止这种民族之间的战争，也是对历史上有大作为的政治家和领导人的考验。

这里我要插一段题外话，不然的话，似乎不足以解释清楚上面的这个问题。曾任北京大学副校长的翦伯赞教授，他本人就是一位维吾尔族学者，也是一个研究蒙古史的著名专家。他曾经对人说过，他研究蒙古族历史多年，研究中国历史多年，但他一直解释不清楚为什么中国历史上，每个朝代都会面临着来自北方的袭扰和侵犯，这种侵略总是来自北方，来自蒙古大草原，来自新兴起来的草原民族。但当他第一次踏上呼伦贝尔大草原时，他突然醒悟了，他突然感觉他来晚了，他应该早点来到呼伦贝尔大草原，他应该早点来探访这水肥草美的辽阔大草原。他明确地认识到，每当这里的一个民族强大起来之后，它必然向南向西扩张自己的疆土，但当这个草原民族走向全国之时，又是它的衰败之时。他们走出了呼伦贝尔大草原，走向了他们侵占的新的地方，而在呼伦贝尔大草原，在这片草肥水美的沃土上，又一个新的草原民族正在孕育之中。经过几百年的繁衍生息，经过艰难的发展和领土扩张，经过无数的杀戮、征服，这个新的民族最终成为新的草原霸主，进而统治整个蒙古大草原，同时向南、向西扩展自己的势力和地盘，一轮新的征战在中华大地上又拉开序幕正式上演了。

翦伯赞先生的这个观点，充分论证了历史上这个困扰人们多年的问题。中国历史上汉朝、唐朝、宋朝、元朝、清朝皆有这种民族之间的战争，而这种战争总是北方向南方的侵犯，南方政权拼死抵抗北方民族的吞并与侵犯，南、北方的这种战争状态一直影响着中国社会的发展进程。

老牛湾所在的偏关县，是长城上一个重要的关口——偏头关所在地。偏头关同雁门关、宁武关合称为“外三关”，是昔日山西境内最重要、驻守军队最多的关口。

黄河在老牛湾转身向南，一路冲山跨沟，愣是在黄土高原上冲出了一条长725千米的晋陕大峡谷，最后在运城市的河津县龙门口，突破万山阻隔，昂首挺胸向着东方，奔向大海。

现今的老牛湾，与历史上的老牛湾有着天壤之别。历史上这里是一个防守要塞，烽火台下面村庄里住的都是守备的军事人员，这些军人轮班站岗执勤。后来，随着时代的变迁，这里住的是守军的家属，再后来是守军的后裔。改革开放以后，这里成了山西的一个著名的旅游景点，而且开发建设得非常有特点。我去过这里，而且还带着兴味相投的朋友们去过几次。但凡去过这里的朋友，无不对这里赞不绝口。

这个旅游景点的开发，基本上保留了历史上老牛湾的原汁原味。原来居住在这里的近40户人家都早已外迁，开发商把原来土旧的房屋和院子全部都买了下来，原封不动地保留了旧时模样，只是在内部做了适当装修。选择大一点的房子，装饰出了两个小型咖啡馆，提供西式餐饮，这就让外地游客们有了休闲、喝咖啡的地方。小的个别院落被开发商修建成小型旅馆，旅馆里面是土炕、石板屋顶、石头地板、旧式门窗，一切都保留了原来的老样子。在整个老牛湾，开发商没有建设任何与环境不协调的高大建筑，没有修建与原来建筑不一致的停车场和道路，没有拆除一处老旧的房舍与窝棚。就连新建的路灯，也颇具匠心地设计了鸟巢状的灯罩子，突出了它的原始味道。游客们徜徉在这个原汁原味的古老村庄里，恍若回到了自己的老家，似乎在与少年时的玩伴们玩耍。

这种让游人回归自然、回归远古的想法是非常新奇的。我不知道别人的感觉如何，我只知道自己一到这里，就仿佛回到了历史上的某一个时刻。这种修旧如旧的开发和经营管理，在全国别的地方，虽然有过但并不多见。江浙的几个有名的水乡小镇，像周庄、乌镇，尽管开发者都是按这个思路开发的，但这些地方地处上海、苏州、无锡等发达城市圈中，尽管开发商千方百计地要保留老旧古镇的原汁原味，但仍感韵味不足，差距比较大。而在老牛湾，在这一片古村落中，地老天荒的感觉随景即现，现代与古代的景色交织，相互出现在游客的眼前，游客们仿佛穿越到了数百年、上千年之前。

我记得，在长江上游距离云南省丽江古城不远处有个石鼓镇，是一个与黄河上的老牛湾非常相似的地方。黄河在由西向东的行进中遇到了老牛湾的坚硬山体，改向南面奔去。而在石鼓镇，是长江在由北向南、三江并流的奔腾中，改道向东而去。这一改道，长江由原来的三江并流，改为了与黄河携手向东。中华民族的母亲河并肩向着东方前行，成就了一个民族的成长、昌盛和繁荣。

老牛湾是黄河上的一个历史遗迹，见证了中华民族的沧桑巨变，见证了无数次民族间的争斗和融合。历史走到了今天，老牛湾一如既往地见证着黄河两岸的巨大变化：一座座大坝在崛起，一条条高速公路、铁路在呼啸声中延伸，民族融合、社会和谐在这里是最耀眼的旗帜。我不得不说，这真是黄河之幸，老牛湾之幸，世纪之幸，中华民族之幸。

◆ 偏关老牛湾

◆ 河曲娘娘滩

娘娘滩

娘娘滩也是个非常有意思的地方。传说，西汉初年，汉高祖刘邦听信吕后谗言，将怀着身孕的薄姬娘娘流放于此，薄姬娘娘在黄河上的另一座滩岛上生下了儿子刘恒，这刘恒便是后来文景之治的开启者汉文帝。后来，黄河上的这两座滩岛便被当地百姓分别称为娘娘滩和太子滩。太子滩常年无人居住，时不时有打鱼人临时留住几日，娘娘滩可以说是黄河上唯一一个常年有人居住的滩岛了。

娘娘滩实际面积并不大，大概有三四百亩。土地虽然少，但因为平坦肥沃，非常利于耕种。而岛上只有十几户人家居住，每户人家近20多亩土地，显得宽松自在。村民们住在自己盖的房子里，院子周边即是自家的土地，种着土豆、玉米、胡麻（能压制胡麻油）和自家需要的蔬菜，再养上一大群鸡鸭、十几只羊、几头猪。每天公鸡打鸣，母鸡下蛋。村民们日出而作，日落而息，无人打扰，少有麻烦。村民们日日如此，年年同样，过着极其普通、极其传统的中国人的农家田园生活。我们在岛上观光时，都非常羡慕娘娘滩上的民间生活。

娘娘滩是黄河上唯一一个有人居住的小岛，历史上极少被河水淹没。传说，黄河年年涨水，总是水有多高，岛亦有多高。反正娘娘滩一直“浮”在黄河上，就像一艘巨舰，更像是有神灵保佑一样，从不沉没。这种状况一直延续了几千年，从黄河两岸有人居住开始就一直是这个样子。但是娘娘滩有一条“戒律”是万万不能触犯的，那就是不能唱戏。这条“戒律”起始于娘娘滩的由来，因为娘娘滩由西汉时薄姬娘娘隐居而得名，这隐居讲的就是一个“隐”字，就是不动声色，不能声张，更不能让人知道。如果不隐不藏，敲锣打鼓，那就会招来祸端，也就完全背离了隐居的宗旨了。说是这么说，但人们总有些将信将疑。据说有一年岛上的几家不遵祖训，联名请戏班子唱了一台戏，第二天早上，大家伙儿还在睡梦之中，大水便铺天盖地而来，娘娘滩霎时间被河水淹没，不见了踪影，虽然没有死人，但着实把岛上的居民们吓了一跳。他们明白了，岛上的这些规矩，虽是传说，但皆有由来，不可全信，亦不可不信。还是老老实实地按照老祖宗的规矩办事、老老实实地按照老祖宗的方式生活吧！

河曲是山西一个很有特色的县，除了地理上的特点外，这里的民俗更是在山西乃至全国都很有名。河曲民歌就是其中最有影响力的，还有就是这里有名的放河灯。一提到河曲民歌，很多人就会联想起《赶牲灵》，联想起《走西口》，联想起许许多多有名的民歌。这里重点介绍一下河曲最有特点的民俗放河灯。

每年的农历七月十五，来自全国各地的许多人就会汇集到河曲，参加这里有名的河灯会，往黄河里面放河灯，以祭奠自己逝去的亲人，或者纪念自己的先祖们奋斗的一生。

河曲的河灯会起源于清朝中期，距今已有200多年的历史了。200多年来，河曲人的先辈们不畏艰险，抛家舍口，怀揣着奋斗的梦想，毅然前行，走向西北大漠。走西口的人们，绝大多数最终都走向了自己美好梦想的反面，他们或乞讨返回，或借债度日。而相当多的走西口的人，最后是命丧黄泉，连与自己的亲人们再见一面的机会都没有。当然，也有成功者，虽然是极少数，却名扬乡里，在内蒙古各地都有不少河曲人的后代，这些人的先辈就是当年的创业成功者。

失败的下场是凄惨的，失去亲人更是令人悲伤的。在河曲县以及河曲周边县的老人们都见过这样的场景：一辆破旧的牛车，从西边的路上缓缓地移过来，车上是一个破旧不堪的棺柩，棺柩头上绑着一只大公鸡，后面稀稀拉拉地跟着几个衣着破烂、有气无力的本地人。这就是走西口的许多人的最后归宿，也是当年西口路上最常见的场景。这是把死在外边的亲人拉回来安葬的场景。

每年的农历七月十五这天晚上，人们就可以看到黄河河面的河灯慢慢漂流出来，越聚越多，如同夜空中的星星闪烁着，在静静地聆听着人们的诉说。放河灯的人们，面对着缓缓漂向远处河面上的“星光”，轻声诉说着自己对亲人的思念，在抽泣中回味着当年的情爱。这种回忆和思念，和着眼泪一起打转，在夜空中变成一种低沉的呻吟声……

我到河曲看过几次放河灯，那悲凉的场景、嘤嘤的哭泣之声，让我似乎看到河曲民歌的源头。人们要怀念自己远方的亲人，要向亲人们诉说思念之情、相思之苦，久而久之，年复一年，就会由哭泣变化为诉说，变化为一段段剖腹挖心的歌唱表达。在这里，我似乎听到了河曲民歌最久远的声音。

有两个地方可以做个比较，平遥和河曲。平遥人外出经商，当徒弟时三年五载不能回家，只有等到出徒了才能扬眉吐气回家探亲。许多人是家里给娶媳妇后出去学徒经商的，男人一走家里留下个新婚的妻子，那种男女思念之苦也是常人难以忍受的。但平遥地处晋中，中华民族的男女自守之道在这里约束着这些青年男女，使他们不能有任何非分之想。而在河曲，这里是边关，是文明与蛮荒的交会地，北方草原民族的个性在这里得到了传承、展示、发挥，这里的人们敢恨敢爱，这里的男女之情不受约束或少受约束，男女之爱不受指责或很少受指责，各种男女之情都可以尽情地抒发和展示。河曲民歌就是这种抒发和展示的结晶，是爱是恨就大胆地说出来，唱出来，由衷地吐出自己的真情实意，让人们知道，让人们同情……

在河曲，“拉边套”是一种男女相处的通行方式。男人出门走西口，家里缺少男性劳动力，缺少干粗重农活的男人。于是，女人就相处一个自己喜爱的男人，自己丈夫不在家的时候，自己家的一切都交由这个男人，田地里的农活，家里的重活，还有女人的生理、情感需求，都由这个称之为“拉边套”的男人来接手。有的女人有一个“拉边套”的男人，有的女人有多个“拉边套”的男人。“拉边套”说白了就是自家男人是驾辕的，别的男人只是如同自家大车上的“拉边套”的，可以出力干活，但不能掌握一个家庭的发展方向。“拉边套”这种习俗在全国许多地方都有，但它是非常隐蔽的，不能公开，不让人知晓，而在河曲，是公开的，是不需要隐藏的。

由此可见，河曲的民俗、河曲的民歌、河曲的民性都一致性地走向了同一个方向。多情的男人女人，多样的民歌民俗，是这里区别于山西其他地方的标志。河曲人多情，河曲女人更多情，我说到这里根本没有任何污蔑河曲人的意思，而是赞美，赞美这里的民心民情，赞美这里的山山水水，赞美这里的民歌民曲，就连这里的民俗，也是那么凄美。这里的一切都是那么令人感叹！

雁门关

写下“雁门关”这三个字，我的心情一下子沉重起来。我没有想到高耸入云的雁门关关楼，也没有想起与雁门关并称为“外三关”的宁武关和偏头关，我更没有想起现今雁门关内外百姓们安居乐业的笑脸。我的脑海里出现的是雁门关外那一座座坟茔。在雁门关外徜徉时，我曾经问过附近的村民，雁门关外这上百平方千米的盐碱荒滩和沙蒿丛生的荒漠旷野上，有多少座这样大大小小的“汉墓”？答案是：没人数过！我也曾经就此问题咨询过省文物局的专家们，他们说，修农田水利设施时平整过不少，搞文物调查时也挖掘过一些，现在应该还有500余座这样的“汉墓”。这些墓冢大的占地好几亩，像一个小山丘，小的也有五六十平方米，两三米高。墓冢全都是覆斗形，上面长着蒿草，在孤冷的月色下向人们讲述着远去的历史。据当地人说，小的墓冢里埋有十几或几十个人，大的墓冢里埋有上百人，有的甚至达到数百人，还有他们使用过的兵器、乘坐过的车马。这些墓冢成为战争留给后人的历史遗迹。

当地人称之为“汉墓”，其实，不止东汉、西汉，历朝历代，一直到明朝，但凡有汉民族与北方少数民族的“边关”战争，就有大批的将领和兵士的死亡，就会有一座又一座新的“汉墓”。

“一将功成万骨枯。”雁门关外这一座座古代战争留下的墓冢，就是战争史的最好教材。雁门关一带是汉民族与草原民族的文化撞击之地，是当时的政治、经济和社会状况的集中表现之地。这里成就了许多历史上的名臣名将，如战国时的李牧、西汉时的李广、宋代的杨业（杨继业），还有许许多多知名的或不知名的战将和兵士，他们彪炳千秋的英雄业绩，足以令中华民族的后人自豪、夸耀。

中国的戏剧舞台，历来是宣扬我们民族英雄的场所。这个舞台歌颂忠义英雄，斥责奸佞小人。百姓中流传的“唐三千宋八百”，就是说唐朝有三千台戏剧，宋朝有八百台戏剧，有这么多剧目让老百姓们重温历史，感受英雄豪气，接受传统教育。在我们山西，演出最多的剧目就是《金沙滩》《辕门斩子》《三关排宴》《四郎探母》《穆桂英挂帅》。历朝历代，人们反复吟唱着这些故事，就是在告诫后人，要忠奸分明，善恶明辨，要忠于自己的祖国和人民。

在汉民族与草原民族几千年断断续续的争战中，汉民族胜多败少，草原民族败多胜少。元朝是中国历史上首次由少数民族建立的大一统王朝，统治中原 98 年。清朝是草原民族的一次完胜，统治了整个中华大地近 300 年时间，但最终的结果是草原民族与汉民族融合发展。康乾盛世，国内安定，疆域空前辽阔，民族关系融洽。

雁门关遗址曾经破损比较严重。20 世纪 80 年代前，我多次探访过雁门关遗址。那个时候雁门关遗址仅剩下长城关口的门洞，和关口上面倒塌掉大半边的关楼，关口两边的长城城墙基本上只剩下残砖破瓦和城墙中心的土墙。20 世纪 80 年代以后，国家开始对古老长城进行修复和保护，经过多年的修复，这段长城才逐渐恢复了原貌，中心土墙被加厚加高，两边砖石、箭垛被修砌，一座座敌楼和烽火台被修复，这一段古长城一下子威武了许多。现在，我们坐车从山西境内的大运高速公路穿行，一出雁门关的隧道，就可以看见山头上蜿蜒盘旋的长城和耸立的烽火台。

说到雁门关，不但有民族间的战争和杀戮，还有民族间的交融与共处。中华汉民族和北方草原民族在这里相互撞击，相互渗透，相互融合，形成了一部丰富多彩的民族融合发展史。

于是，从秦汉时期开始，秦汉的匈奴文化，魏晋南北朝时期的鲜卑族文化，隋唐时期的突厥族文化，两宋时期的契丹族、女真族、党项族文化，元代的蒙古族文化，明清时期的蒙古族、满族文化，或深或浅，或强或弱，都在这块土地上留下了印迹，影响着、改变着这块土地上生活的人们。

在这几千年的历史中，汉族的影响更大、更强烈，更具有历史性。我们提到的那些生活在汉民族周边的民族，现在许多都已不复存在，早已变成了历史教科书中的内容。

但是，在这种民族争战和融合的过程中，汉族充分展示了自己固有的扩疆辟土的能力，一拨拨汉族人走向荒野草原，一座座村庄在新开垦的荒野莽原深处扎下了根。汉族的农耕文明，影响着、改变着游牧民族的生活方式和生存空间，先进的生存方式改变着、带动着原始的落后的生存方式。

我曾经仔细研究过这种历史现象的根由。中国古长城一线，独特的地理位置使得雁门关成为历朝历代兵家必争之地。雁门关地处恒山西部，恒山呈东北－西南走向，它东边连着太行山脉，太行山脉再往东又连着燕山山脉，燕山山脉再往东就是大海了。雁门关往西是吕梁山，吕梁山紧挨着黄河，黄河是一道天然屏障，再往西走，不是沙漠就是戈壁，人烟稀少，生存环境极差，没有争夺的价值。东边是辽阔无垠的大海，西边是千里无人的大漠，只有中间这一块，是唯一一大片可以养育人的地方。

关外的少数民族一旦攻下雁门关，面对的就是在历史上一直比较富庶的晋中盆地和晋南大平川，再往南，大军长驱直入跨越过黄河，就是汉民族的心脏地带——中原大地，就是长安、洛阳、开封，甚至可以抵达长江边上，这就基本上形成了对整个汉族聚居区的占领和统治，就是政权的更迭，就是中华民族的改朝换代，元朝就是这样形成的。由此可见，雁门关的重要战略地位、政治地位、历史地位。

雁门关在山西代县，正因为这个原因，代县的军事设置级别一直比较高。和平时期，驻守的是总兵，相当于如今的师级建制；一旦形势有点紧张，各级军事官员都需靠前指挥，山西巡抚就会较长时间地率军驻扎在这里，这就相当于如今的军区司令员级别的长官了；到了战争紧要关头，当朝皇帝也会来到代县雁门关，率领几十万大军，在这里进行生死攸关的战斗。如汉高祖出雁门关击败匈奴的平城之战，当年汉高祖刘邦统兵 32 万迎击匈奴，几经艰险，奋力搏杀，赶走了入侵的匈奴，获得了大胜。

隋朝末年，隋炀帝北巡至雁门关，突然与突厥大军相遇，当时形势非常紧张，而且是敌强我弱，是一场毫无准备的遭遇战。年仅 16 岁的李世民得到紧急情报后，迅速随军前来勤王，并且设计击溃了突厥大军，保护了隋炀帝的安全。这场有名的战事，史称“雁门之围”。

雁门关是中国历史上汉族与草原民族争战和融合的见证者，草原民族虽多有变迁，但从无断绝，一直繁衍延续到蒙古族。2000 年来，草原民族都和汉民族有着不解之缘。

雁门关的名气如此之大，一是历史上这里确实发生过许多惊天地、泣鬼神的战争，出现过许许多多保卫边疆、英勇杀敌的英雄，而且是历朝历代都有。这些历史上的英雄虽然所处的朝代不同，但他们的爱国主义精神是相同的。二是文化传播的力量，尤其是戏剧的传播。几千年来，特别是近 1000 年来，金沙滩上发生的故事是戏曲舞台上经久不衰的主题。杨家将忠君爱国，“满门忠烈”，成为中华民族抵御外辱、强国强军的历史教科书；岳飞“精忠报国”的经典故事为国人耳熟能详。每一个故事、每一台戏都在向人们传递着正能量，“好男儿志在四方”，“生当作人杰，死亦为鬼雄”，中国戏曲的“高台教化”功能真正得到了彰显。我们每一个人从小就受到这种教育和感化，从小就知道，要以杨家将、岳飞为榜样，去成长，去生活，去战斗，去走完自己的一生。

雁门关外这数百座大大小小的墓冢确实给了我强烈的震撼。几千年来，多少年轻的生命在这里戛然而止，多少年轻的士兵在这里战斗，彰显他们那个时代的男儿本色；几千年来，由于战争的残酷，多少新婚夫妇瞬间隔世相望，多少儿女永远失去了父亲的疼爱。历史就是这么残酷，就是这么无情，就是这么令人惋惜又令人感叹。我个人一直认为，雁门关外的这些古代坟茔所在地应该建设成为中国古代战争纪念馆，让现在的人们在这个古代的“兵家必争之地”感受历史，体察现实，祭奠先烈，接受教育。

如果要建中国古代战争纪念馆，一定要注意的一点是，让人们在这些大大小小的坟茔边游览参观，千万不要让人们到坟茔上边去走动，更不要在上边追逐玩耍、嬉戏打闹。我们的先辈们为了保卫国家，为了让后辈们能够过上和平安宁的日子，他们在这里已长眠了千百年，我们没有任何理由去打扰他们。这一点必须要注意！

雁门关内外确实有很多历史遗迹，外地游客们也都很喜欢游雁门关外的古战场，凭吊先古英烈，重新认识历史，感慨现实，寻找自己的位置和前进的方向。这也正是我所考虑和希望的。

日升昌票号

平遥的日升昌票号是中国近代史上第一家专营汇兑、存款、放款业务的私人金融机构，开中国金融行业之先河，以汇通天下闻名于世。明清两朝，山西在将近500年的时间里，是海内外最富有的地方，这是中国人的共识。余秋雨先生在《抱愧山西》一文中写道："首先该找的是平遥西大街上中国第一家专营异地汇兑和存、放款业务的票号——大名鼎鼎的'日升昌'的旧址。这是今天中国大地上各式银行的'乡下祖父'，也是中国金融发展史上一个里程碑的所在。"

"山西人善于经商、善于理财"，至今仍是广为传颂的商界佳话。此话到底出自哪里？我不得而知。但我个人认为，这种说法与山西特有的自然境况是有联系的。

从地理位置来说，山西表里山河，山高沟深；就自然条件而论，山西很难和东边大平原上的省份相比；从农业生产的角度看，山西先天不足。但从历史上来看，山西又是富裕的省份，经商者众多，国内外许多地方都有晋商的足迹。山西南部有个“聚宝盆”——运城盐池，这是中华大地上，中东部地区仅有的一个宝贝，而且是开发利用最早、持续时间最长的一个盐池。几千年来，运城盐池的食盐源源不断地运往全国各地，养育了整个中华民族，而全国各地的银子又源源不断地汇集到山西，汇集到运城。在这种汇集之中，山西人增长了经商的才能。这应该是山西得天独厚的地方。随着社会的发展，山西人，尤其是晋南人、晋中人的这种实力和才能，在各个方面都得到了充分的展示，福建、江浙的茶叶交易，江浙、湖广的粮食交易，内、外蒙古的牲口和皮货交易，凡是当时国内外大宗交易市场上都可以看到山西人的身影。

现在可以毫不夸张地说，通往俄罗斯的大规模驼队就是山西商人的历史杰作。我们先不说山西商家的买卖做得究竟有多大，我们先从商家经营的一个最不引人注目的侧面，说说这个问题。据说，明清时期，全国各地共有 50 余家有名的镖局，而山西晋中这几个县就有 30 多家，养得住这么多的武装护卫队伍，那得有多强的经济实力，得有多大的商业运输需求。历史记载，山西往俄罗斯欧洲部分的中心地带莫斯科主要是运送茶叶、丝绸等大宗商品，早期是一家商号做得多些，后来发现数家商号联合，既可以降低运输成本、节约开支，又可以增大运输的安全系数，降低运输中商品被劫持、被损害的风险。后来，基本上就是区域性联合行动，几个大的商家一联手，就组织起上万峰的驼队，由五六个镖局，几百人联合护镖，首尾相顾，统一行动。这种大规模的护镖行动在明清时期，每年都要组织几次。一直到 20 世纪初，俄罗斯的东亚大铁路修通，欧洲大陆与远东的运输方式发生了颠覆性改变，晋商的这种古老的大规模驼队运输方式在遇到现代交通工具的挑战后才不得不终止，成为了历史。

多年来，我一直分管山西省的非物质文化遗产的挖掘和保护工作。我曾经想过这样一个问题，那就是历史上为什么形意拳、心意拳、太极拳在晋中的祁县、太谷、平遥比较普及？现在，我似乎为这种状况的出现找到了答案。在晋商的发展中，保护商家发展的镖局也就应运而生了，一大批镖师也就出现了，这些镖师们来自不同的地方，大多数都很年轻，肯努力，他们汇集在一起，学习武术，练习刀、枪、剑、戟的使用方法。这一大批以此为生的人在训练中相互切磋，相互学习，相互模仿，一种种武术套路便逐渐形成，再由某些有心人加以记录、整理、系统化，原本散乱的拳法就成了一种有名有姓的拳术。再后来，随着护镖行动的扩大，这些镖师们练习的拳法随之传向各地，进而传遍全国。现在人们练习武术是为了强身健体，但在几百年前，那可是真正的谋生的本事。

而前往福建、江浙的晋商，其首要任务是采购茶叶、丝绸和南方的特有商品，同时较大规模地向长江以南地区运送北方的商品，这样双向运送大宗货物，既节省运力，又降低护卫成本，省工、省时、省钱，这就是晋商们取得成功的基本做法。

由此可见，晋商们主要是在中国的东南和西北两个方向上运送商品，把当地的主要产品运往对方，再把对方的主要产品运回来，销售到当地，晋商们两面赚取地域差价和自己投资的利润。当时，中国基本上还处于农耕经济状态，广大老百姓还处在自给自足的境况下，晋商们已经在农耕经济状态下寻找到了自己发展的途径，这不能不赞赏晋商先人一步的远见。除了上述两个方向外，中国的东北地区、朝鲜半岛也是晋商涉足的地方。

我们用一个小小的生活习惯来证明这一点。

在福建的许多地方，包括福州和厦门，人们把类似北方饺子的食品叫作“扁食”。与北方略有不同的是，到了这鱼米之乡，“扁食”的馅料入乡随俗，把在北方单纯以猪、羊肉为主的馅料，改变成以鲜鱼、大虾等海鲜为主，使“扁食”的馅料更加鲜美。其实，把饺子叫作“扁食”，在北方是非常远久的事，也非常普遍。北方的许多地方像山西南部等地，历史上一直把饺子叫作“扁食”，只是到了 20 世纪 80 年代以后，这里的老百姓才慢慢放弃了以前“扁食”的叫法，跟着媒体统一叫“饺子”了。山西与福建相隔数千里远，两地之间的这种巧合，肯定有一定的历史渊源。客观地分析，福建的客家人基本上都是从北方迁徙过去的，是从山西迁徙到河南，再从河南迁往两湖、两广和福建等地，大量北方的生活习惯总难舍弃和改变，也没必要舍弃和改变，历史的印记总是会随着人们的生活保留下来。

食盐也一直是晋商运输的主要货物。当时，食盐是国家统一管理的物品，商贩是不许插手这一块的，否则，将犯有杀头之罪。但大家都知道，大的通道、区域往区域的运输由国家负责，而细枝末节的小额买卖则是民间参与的比较多。到了明朝中期，海盐被大规模地提炼、生产出来以后，出现了从江浙沪一带往全国扩张的趋势，盐帮、槽帮应运而生。盐帮以运盐为主，槽帮以运粮为主，初期仅仅是搭帮结伙，图个运输的平顺。久而久之，随着形势的发展，很快盐帮、槽帮就发展成了正式的帮派组织，随着江浙沪三地在中国经济地位的不断上升，盐帮、槽帮的原本性质不断发生着变化，逐渐成为上海以及周边都很有势力的青帮和洪帮，最终成为中国政治势力的一部分。在清朝末年，青帮、洪帮已经发展成为很有势力的地方帮派，连蒋介石初期都得投靠青帮，并在青帮的支持下发展自己的势力。这也是中国政治在一定历史时期的特有现象。

在沿海沿江的盐帮、槽帮势力范围逐渐扩大的形势下，山西商人这个时候只得顺势而为，一是掉转了方向，把脚步迈向西北。二是创造新的赚钱模式，由原来的经营大宗商品转向经营货币和借贷，这一大转型，又一次表现出了山西商家的精明和历史大局观。

如果说这是一次地域的变更与调整的话，那么山西商家把实物贸易变成金融，就带来了更大的利益和影响力。

大约在距今四百多年前的明朝中期，山西商家在日常的交易中，常常要通过镖局押送大批银两。银两的运输是一件特别费心、费力的事情。就像现今银行运送货币，又是特殊车辆装载，又是武装力量护卫，又是沿途重要地段防护，还要制订预案，真正实施起来还不知道要困难多少倍。就是在这种困难的运送银两的过程中，他们中的佼佼者从中发现了巨大的商机：不需要远距离运送银两，只要把所需银两的银票递送过去，在当地提取所得或所需银两。这样既减免了长距离运送之难、之险，又能保证商家随取随用，节省大笔开支，节省大量时日，不失大量商机，效率显著提高。一个递送银票的创新性想法应运而生，一种全新的商业模式在人们的生活中出现了。

商家所需银两，在票号可以一次性支取，也可以多次提取，甚至还可以依靠信用贷款。这一切，只需要商家与票号签订相应的合同，并且按照不同的支付方式付给票号一定的费用。双方只需在支付、保存、转移这些银两时付出或获得不同的费用和佣金，一个全新的以钱赚钱的模式有了雏形。后来的一切就是这种想法的进一步完善，使之在具体的实施过程中无懈可击。

山西商帮中顶尖人才的天赋成就了这项事业的发展。一直以来有一种说法，近几百年，也就是明清两朝以来，江浙等生活条件比较好的地区，顶尖人才大多走的是仕途，他们十数年寒窗苦读，考进士，争状元，进而做大官，根本瞧不起那些经商之人。而在山西，尤其是晋中地区的太谷、平遥以及周边的几个县，顶尖人才许多都走了经商之路，他们先读书，后熬苦工、当学徒、做掌柜，最后发展起自己的一桩买卖，过着比较舒适的生活。这中间的佼佼者，施展才华，纵横四海，在中华大地上，建立起自己庞大的金融帝国、商业帝国，成就了自己的事业，成就了自己的一生，也成为当时在商场上叱咤风云的一代枭雄。山西商家中的雷履泰、毛鸿翙、程大培等等，哪一个不是经国济世的好手，哪一个不是创业立功的好把式？

山西商家在商业领域、金融领域挣了大把的银子之后，鲜有在当地置房买地、纳妾养小的，绝大多数都返回老家买地建宅。山西至今仍然保留着许多明清时期的大院，像祁县的乔家大院、渠家大院，太谷县的“三多堂”（也就是曹家大院）、孔家大院，晋中的常家大院，灵石县的王家大院，运城的李家大院，等等，不论哪一个大院，都是晋商打拼的结果，都是晋商呕心沥血、抛家舍口、历经风险、远赴他乡打拼得来的。时至今日，这些大院仍然耸立在山西省从北到南的各个地方，成为激励三晋儿女的一座座精神丰碑。

山西商家中的能人强手们不但亲手开辟了一条条商业通道，而且创造性地打造了这条通道上的运行规则，那就是一整套金融产业运行的“密押”体系。

密押体系说白了就是一种金融防伪体系，世界各个国家的金融管理都有一套防伪体系，这套体系的作用在于不但要防止本国的金融破坏者的侵害，而且还需要防止国外的敌对者、披着“朋友”外衣的敌人的侵害。

我在这里插一段题外话，20 世纪 50 年代初，即中华人民共和国成立之初，我们国家还没有自己的现代印刷厂，更没有防伪级别很高的钱币印制厂，那个时候不得不让自己的友好国家——苏联帮助印制了第二套人民币中的面额为三元、五元和十元的人民币，故称之为苏印“三种票”。1960 年，由于苏联召回了在华工作的几乎全部专家，中国人民银行便发布《关于限期收回三种人民币票券的通知》，规定从 1964 年 4 月 15 日起，苏印“三种票”停止在市场流通。

所以说，独立的钱币管理、印制体系是一个国家的生命线，国家对此的管理是非常严格的。晋商当然在一开始就懂得这个道理，他们早在票号发展初期，大约是在明末清初就建立起了这套金融管理的密押制度，一直延续了 300 多年。

这套密押制度现在看起来似乎并不复杂，但创建之初确实是凝聚了众多晋商人才的心血。

我们还以日升昌票号来说，在新建立的这套密押体系中，日升昌票号是将常用的中国数字一、二、三、四、五、六、七、八、九，密编为晋、兖、青、徐、扬、荆、豫、梁、雍等当时中国的古州名；将“万、千、百、十”分别用“国、宝、流、通”四个字来替代。这样写出来的一张票号的银两支付或转账支票，不论什么人都看不懂、读不通，但却能准确无误地支付出应付的银两。例如“三万”就写成了“青国”，“四千”就写成了“徐宝”，这些取钱票据上的字人们是认识，但取钱多少只有票号管理人员才能识别。支票上的常用字也不是编好以后一劳永逸，而是每隔一段时间进行一次改动调整，一经决定调整改动，由平遥总号向各地统一派出人员，在提前约定的时间全国各地一致行动。这样非常有利于晋商票号业务的保密，普通人根本摸不清钱庄票号的机密之所在，更不要说在这里面做点儿什么捣鬼的事情了。当然，这种秘密进行的调整改动，只有钱庄票号的极少数高层管理人员知晓，普通人只是执行而已。

为了防止伪造，晋商在中国传统造纸技术的基础上，增加了现代技术才能解决的水印，在票据的四个角上水印了繁体的“日升昌记”四个字。在阳光下仔细举望，水印字清晰可见。这不能不说是晋商们的首创，这应该是中国票据印刷的源头，是中国现代钱币、票据印制的“乡下祖父”。

写到这里，我不得不为我们山西商家们大声喝彩。他们为了自己的事业，为了创造更多的价值，创造了崭新的自己，同时也创造了未来！

准确地讲，整个平遥古城，现今的规模是从明初开始，到现在已经有600多年的历史了。从中心的鼓楼往东西南北四个方向，大街小巷呈放射状，每条大街或小巷都连接着一串串院落。以前不知道有多少座院子，现今经过统计得知，有明朝时期的院子198座，清朝时期的院子398座。这些都是早年晋商的家人居住的院子，这里不知道居住过多少老老少少。几百年来，就是在这里，上演着一幕幕纵横四海、催人泪下的历史正剧，也上演着一幕幕创业、生活的喜剧或悲剧。“天若有情天亦老”，历史就是这样，我们只能感叹前人，像仰望星空一样去仰望前人的才华，去讲述他们的故事，而这正是山西商家的荣耀，是山西人的骄傲。

◆ 日升昌票号匾额

◆ 乔家大院砖雕

乔家大院和山西“三雕”

乔家大院是山西的一个著名旅游景点，也是山西的一张亮丽的名片。每到“五一”“十一”这样的长假，这里总是人头攒动。山西的许多旅游的新理念大都来自这座大院。当然，这里面有很多人的功劳和努力。我们要感谢影片《大红灯笼高高挂》的导演张艺谋，感谢电视连续剧《乔家大院》的创作人员，是他们的不懈努力让这座深藏在山西的民宅走入了人们的视野。

张艺谋的电影《大红灯笼高高挂》是根据南方作家苏童的小说《妻妾成群》改编的。小说原本写的是皖南某地一个大户人家的奢靡生活。张艺谋拿到剧本后，经过多处考察，最后选择了山西晋中祁县的乔家大院作为拍摄地点。

实话说，安徽皖南确实有不少比较古老的村落保存得很好，安徽的“白墙青砖黛瓦”的古典建筑风格，也非常上镜，易出效果。但张艺谋就是张艺谋，他的选择是多向性的，也是更全面的。安徽处于长江中下游地区，气候温暖湿润，花草树木繁茂，这种环境在镜头前显示色彩繁多且杂乱，太温和，太丰富，不容易突出主题。而山西在冬季到处都是枯黄、瓦灰的色调，这种基本色调配上大红灯笼，剔除掉那些杂色的视觉干扰，可以突出其灯笼的大红色效果，使电影的主题意义得以凸显。这种环境再加上多样性的故事情节、扭曲的人物性格，一部有望获得国际大奖的影片的基本要素就都具备了。山西古村落、古大院、古旧民居非常之多，而且都保存得非常完好。山西的大院是别的地方不可比拟的，多而且大。我们还以乔家大院为例，乔家大院现存房屋 313 间，有院子 26 个，里面是院套院、院连院。在大院的四周建有护院的角楼，院子的外墙一般都修建得又高又厚，高达十米以上，厚有两三米，一般不设窗口，不设台阶，光溜溜、直通通的，为的是确保安全。

山西的大院一般都远远大于皖南的大院，甚至大于全国好多地方的大院，这一点，到过山西、参观过大院的人们都知道。祁县的乔家大院、太谷县的曹家大院、灵石县的王家大院、榆次区的常家庄园都是一个比一个气派。

张艺谋选择的多向性还表现在，要选择一个既有大院建筑的多样性，又与别的大院有明显区别的大院。乍看乔家大院各个院落都差不多，仔细看，你就会发现，大院与大院之间，差别很大，而且每一点差别都很有讲究，很有意思，有不少大院文化和有趣的故事就藏在这里面。例如山西的大院从外往里，越靠里面的院子地势越高，一般由外往里每座院子要高上两个台阶，这样既有利于排水，又有利于后面院子的采光，保持了大院里面的干燥。这样的大院不论是从实际需要出发，还是从风水的角度评判都是最适合人类居住的场所。

还有一点很关键，山西的大院与南方的大院相比，色彩比较单调。这一点乍看是弱项，但单调枯燥的北方色彩又可以转换为强项。张艺谋是学摄影的，色彩调配是他的强项。在枯燥单调的北方大院里，配上一个个大红灯笼，既美化了环境，又突出了主题。这一切正是张艺谋的高明之处、过人之处。

乔家大院自从张艺谋导演的电影《大红灯笼高高挂》播出之后，一路走红，游客盈门，每年的游客量都排在全省的前五名。后来又播出了一部电视剧《乔家大院》，乔家大院又大大地火了一把，那一年的“五一”假期，上百万的外地游客，挤爆了乔家大院，人挨人，人挤人，县里不得不临时动员县委、县政府的干部去顶班，维持旅游参观的秩序。那一年，预先印制的全年的门票，在一个“五一”节期间全部卖完，县里不得不赶快加印门票，以解燃眉之急。

《乔家大院》电视连续剧成功播出后，全国各地都争先恐后地拍这一类题材的电视剧，安徽、山东都抓紧拍摄并播出了徽商和山东商帮，包括山东人闯关东的电视剧。历史上一个鲜为人知的层面进入了全国电视观众的视野，成为观众议论的话题。

我们还是回过头来说说大院吧，其实，以前全国各地都有大大小小的院子，这是中国人自古以来的居所。如果说外国人的居住特点是开放型的话，那么中国人的居住特点恰恰相反，是封闭型的。山西的各式各样的大院、安徽的大院，都反映出中国人的这个居住特点。最典型的是北京的四合院，走进院子，院门一关，那就是自家的“世界”，干什么、怎么干，谁也管不着，也不会有人管。

在电影《大红灯笼高高挂》中，大院里养着四房姨太太，丫鬟们给太太们敲脚丫子的陋习，“谁点灯谁点菜”的规矩，几房姨太太们钩心斗角的故事，无不透露着这座大院的没落与颓废。当然，这是文学创作，源于生活但又不完全等同于生活，作品带有创作者的个人想象。

早在明朝初期，山西商家就活跃在全国各地，祁县商帮是山西商帮的主力军之一。在明清两朝山西有一个说法，叫“金祁县银太谷”，这就是祁县当时富裕程度的真实写照。咸丰三年（1853 年），“祁县百万之家以数十计”，祁县城内的张、翟、何诸姓人家都是富甲一方的巨贾。“先有复盛公，后有包头城”，赞誉的是乔家。“复盛公”就是乔家在包头城的老字号，是包头最古老的商号之一。从山西祁县的乔姓和徐沟的秦姓二人在包头市经营商铺开始，包头慢慢发展成了草原上一个人们聚居的市镇，之后成为草原上的钢铁“巨无霸”。所以说，这句话是对山西省祁县巨商的褒奖。

现在修复开放的晋商大院中，乔家大院、渠家大院都是昔日山西商家的翘楚们建的。即便是现在，祁县县城东西两条大街上，仍然商铺林立，大院相连，古风依旧。在山西省晋商发祥地的平遥、祁县、太谷诸县，现今的乔家大院虽不是最大的，但绝对独树一帜，吸引着全国各地的大批游客前来观光游览。

乔家大院由6座大院和22座小院套建组合而成。昔日这些院落，大的住着主人，套建的边院和小院，则住的是佣人和大院的护卫人员。这几十个院子共300多间房子，住大几十人绰绰有余。几个主人由几十个人伺候着，下人随时听命于主人。这种奢侈的程度绝不亚于《红楼梦》中几大家族的气派，可见乔家当时的奢华。

晋商的这种奢华，还表现在当时的建筑格调上。

山西至今保留的这些大院中，砖雕、石雕和木雕都是非常突出，非常漂亮的。这“三雕”现在已是国家级非物质文化遗产保护项目，在国内外享有盛誉。我们现代人的装修，讲究的是环保和简朴，这是这个时代的追求。而在几百年前，讲究的就是这些精细的装饰和雕刻。乔家大院里的这些有名的“三雕”装饰，代表着一个地区建设者的水平，代表着一个时代的风格，更代表着一代商家的实力和愿望。

晋商大院的“三雕”装饰品中，最多的自然还是梅、兰、竹、菊“四君子”，还有“三友”“四友”等表现古代士大夫情怀的内容。苍松、修竹、寒梅、幽兰、霜菊，似乎也成了晋商们品格的体现。现在的人们去游览，相当一部分人认为这些雕刻似乎有些烦琐，其实，这些雕刻就像现今人们装修自己的房屋一样，是房主的倾心选择。

除了“岁寒三友”“四君子”之外，晋商大院雕刻更多、更普遍的是“五子登科”“连中三元”“马上封侯”及与福、禄、寿、喜等有关的题材，还有就是琴、棋、书、画，茶、丹、经、香等“八阁”的物品。在所有的晋商大院里面，雕刻的内容大同小异，基本上都是企望得财、得子、得寿、得福。但是，也有一些是比较奇特的。我曾经在一个大院的窗棂上，看到一件非常有趣的“鱼穿莲花”的雕刻作品。一朵盛开的莲花，花瓣恣意地向四周展开，一条鱼正穿扎在花心，鱼头扎在花蕊之中，鱼身似乎还在努力地往花蕊中间使劲儿穿扎。许多游览者似乎不太注意这个雕刻，但据专家们解释，这个叫作“鱼穿莲花”。有一种观点认为，这正是中国传统文化中，对性事最典型也是最含蓄的表达。在中国传统文化中，对性事的表达从不像西方国家那样直白，对于男女之情中国人从不明说，而是采用隐喻的方式，就像《红楼梦》一书中写的那样，即便是几大家族那样的大户人家，也不会像西方国家那样，也是在隐喻中让孩子们自己去理解、去揣摩。

在这些晋商大院中，关于“马上封侯”的造型也是雕刻最多的内容之一，有在房檩封板上画的，有在窗棂中间镶嵌的，有在门楣上雕刻的。最有意思的是，在一个上二楼的楼梯口扶手头上，刻着一只小猴子骑在马头上，小猴子、马头都雕刻得栩栩如生，很是招人喜爱，上下楼梯的家人每天都抚摸着它，晋商们愣是用这种最原始的方式，对后代进行家庭内的“启发式教育”。

乔家大院的好多处还雕刻有“招财进宝”图，这应该是晋商们求财愿望最直接的表现，其中最显眼的莫过于各式各样的“聚宝盆”。他们不但在各种绘画和雕刻中大量展示汇聚各种宝物的强烈愿望，而且在这些四合院一进正门的地方，家家都放置着一个硕大的石刻水盆。中国人历来认为财即是水，水即是财，院子中间放一个大水盆，可以招财聚宝。晋商们也是如此，院中放一个价值不菲的石雕花纹大水盆，装满清水，平时养几尾金鱼，漂几片荷叶，显得富裕清闲，关键时刻还能防火消灾。皇家不也是如此吗？只是皇宫里放置的是镏金盆，晋商大院里放的是拙朴的大石盆。

“刘海戏金蟾”的故事也是乔家大院里的雕刻重点。传说刘海本名刘元英，五代时官居宰相，但仕途不顺，后遇汉钟离的点拨，出家成仙。而三条腿的金蟾是月宫中的宝物，因为三足蟾类似聚宝盒，能口吐金钱，刘海便戏逗金蟾，并用金蟾吐出的金钱周济世人。晋商大院里雕刻的“刘海戏金蟾”，金蟾口中吐出一串串金币，金币纷纷落入晋商自家的大院中，隐喻着晋商财源滚滚。

晋商大院的多种石雕、木雕、砖雕作品充分表现了当时晋商的生活状况，这是那个时代的真实写照。今天我们看当时的这些作品，似乎有些俗气，有些直白。其实，在那个时代，在那种生产力状况下，在那种社会追求和价值取向的环境中，晋商如此，徽商亦如此，江浙沪的商人能不如此吗？要知道，在那个时代，这就是一种时髦。你现在去颐和园、故宫看看，皇家雕刻的也都是这些内容，皇家尚且如此，晋商们能不亦步亦趋吗？

在乔家大院的“三雕”饰品里，还有一类内容是最多的，这就是人们始终向往着的长寿、多子。对于长寿，中国人有着比较一致的表现方式，代表性的动物有鹿、龟、鹤，而代表性的果实是松子和桃子。中国古代人们的理想寿数是八九十岁，人们称之为耄耋。“人生七十古来稀”，八九十岁当然就更加理想了，也是当时世人追求的最高境界。除了长寿之外，人们还极力推崇多子多福，所以，在乔家大院的雕刻饰品中，到处都是葡萄、葫芦、石榴和莲花，这些都是以果实多子著称的植物，也是多子多福的代名词，所以备受乔家大院主人们的赏识。

在乔家大院，各种内容的楹联也是最吸引游客的。一到乔家大院的大门口，一副“损人欲以复天理，蓄道德而能文章”的楹联便进入游客们的视野，这副对联是钦差大臣左宗棠亲笔书写的。左宗棠是晚清重臣，光绪年间左宗棠以钦差大臣督办新疆军务，率军讨伐“阿古柏”，他和他带领的几十万清军所需的军费，基本上全部由乔家票号存取汇兑，部队作战、驻防在哪里，乔家票号便把银两的支付、汇兑业务办到哪里，给边疆驻防军提供了极大的方便。所以，左宗棠在回京述职途中，专门安排经过山西祁县，特意上门拜访乔家，对乔家为边关将士提供的支持和便利表示感谢。而在乔家大门两侧悬挂的对联，则更是声名显赫，上联曰“子孙贤，族将大”，下联是“兄弟睦，家之肥”，落款是直隶总督兼北洋大臣李鸿章。当年李鸿章奉朝廷之命组建北洋舰队时，为了筹集购买舰艇的经费，号召社会捐赠，乔家积极响应号召，带头捐赠了白银10万两，为北洋舰队购买了军舰一艘。乔家为国担当的意识，当时在社会各界都引起轰动，乔家也因此事声名大振，为了表示感谢，北洋大臣李鸿章特赠送楹联一副。

当时，乔家在山西是大富大贵之家，但乔家大院的主人深知，这种富有全是靠自己的努力争取得来的，不能指望天降横财。当年他们起步时，也是从一副卖豆腐的挑担做起的，也是起早贪黑、一个铜板一个铜板挣来的。没有全家人拼死拼活的努力奋斗，哪里会有当下这富可敌国的状况?所以，乔家大院的当家人乔致庸在自己的卧室内挂了一副楹联，时时刻刻提醒自己，告诫家人，联曰：“求名求利莫求人须求己，惜衣惜食非惜银缘惜福。”我个人是非常欣赏这副对联的，主要是“非惜银缘惜福”，福分是上天恩赐的，要懂得珍惜，要懂得尊重上天的意愿，不懂得惜福的人，常常做一些违逆上天意愿的事，那是肯定会遭到上天惩罚而失去福缘的。我们经常能看到不懂得惜福的人，有了钱、发了财之后浪费是一个很小的方面，关键是为富不仁，仗势欺人，甚至用钱打击自己的对手，清除盟友或支持者，迫害平民百姓。这都是不懂得“惜福”的表现，势必会影响到他们的发展，使他们走向失败。

在乔家大院的私塾里，在孩子们上学念书的地方，挂着一条“读书滋味长”的横幅。我们都知道，中国自古就有“书中自有黄金屋”“书中自有颜如玉”的古训，用于鼓励学子们用功读书，考取功名。乔家大院的“读书滋味长”的教诲，似乎说得更深入，更通俗，更含蓄。读书有现实的感受和领悟，读一本书、一首诗，都会有所领悟和感受。读了许多书，满腹经纶，增长了本事，考取了功名，长大成人以后，还会有更多更深的感受。当看到自己的“黄金屋”，享受到自己的“颜如玉”，更会觉得滋味好，滋味美，滋味长久。

中国隋唐时期建立了科举制度，到宋朝时这一制度得以完善。1000 多年来，科举制度使得一批批“白衣布丁”，也就是有才识的读书人有机会进入各级政府任职。自从有了科举制度，对于缓解社会各阶层的矛盾，发现人才，丰富社会管理体制，都起到了积极的作用。所以自古以来，中国的知识分子，就把“金榜题名时”作为人生“四大快事”之一，以此鼓励年轻人为之奋斗，去努力。因为大家都知道，十年寒窗苦读，一旦“金榜题名”，便可进入仕途，光耀门楣，实现个人的政治理想与抱负。而这一切的一切，必须从头抓起，从小孩子读第一本书时抓起，从孩子上学的第一天抓起，而且要让他牢牢记住，永世不忘。乔家大院的当家人，当然深知读书对改变命运的重要性，所以，他们更不会忽视这个中国古代社会的普世原则，只会比别人做得更好，更努力。

太谷“三多堂”

太谷县里的“三多堂”，又叫曹家大院，是山西商家留下的明清大院中的一个，整体院落的布局呈“寿”字形。“三多”意蕴“多福、多寿、多子”，这是中国古代乃至现代社会一个家庭的至高追求。

“三多堂”的院落分南北两部分，东西并排三个两进式穿堂院，内套15个小院，共277间房子。“三多堂”占地约有十六七亩，所有院落都与北京的四合院相仿，呈现明清两代的建筑风格。大院原来建筑在高台之上，四周由房屋和院子外墙封护，呈典型的山西大院的封闭式结构。大院中间的三座主院，都采用在主院中间修建一座接待客人的穿堂大花厅的方式，形成前后院的院套院。分布在大院两侧的是小院子，小院通过侧门与大院相连，很显然，中间的大院是主人接待宾客、商谈业务的地方，小院是家眷们日常居住、生活的场所，最外面的小院是佣人们住宿的地方。

对于“三多堂”的主人，可以毫不夸张地说，是晋商的代表性人物。在“三多堂”里，最引人注目的是晋商们当年的收藏品。下面就重点说说“三多堂”里收藏的珍贵文物，因为这是历史风云的见证。

“金火车头钟”，这是曹家的众多珍宝物件中，最能够显示身份的一件。对曹家如何收藏到这件故宫里才有的珍宝，最权威的说法是，清朝末年，在太平天国起义完全被镇压之后，中国北方又出现了义和团运动。义和团运动初起之时，举义旗，杀鬼子，处处与洋人作对，这个举动让清朝皇室很是被动，国内的动荡局面和一连串的用兵，也使得清廷竭尽全力，连国库的银子也所剩无几。为了给老佛爷过六十大寿，修建颐和园，清廷挪用了北洋水师的军费。为了镇压义和团起义，清廷经过反复斟酌，先是由慈禧太后出面，向本家的各位王爷筹借银子，但当她开口时，各位王爷好像串通好了一样，都以没钱回绝了。其实，各位王爷已经有所预感，清朝已经快要走到尽头了，这个时候谁还会傻乎乎地露富，谁还会傻乎乎地拿银子打水漂。在走投无路的情况下，由慈禧太后亲自出面，向当时最富有的晋商财团借了300万两银子。为了表明朝廷还款的决心和信誉，慈禧太后表明，这个“金火车头钟”只是暂时押给晋商财团赏玩的，等到朝廷缓过劲儿来，肯定会及时归还这笔借款，到时再收回这个“金火车头钟”。因为当时曹家是晋商在北京最大的财主，又是此次借款给清朝皇室的当事人和联络人，在京的各位晋商，就确定“金火车头钟”暂时由曹家负责保管。这一举动便有了后面的故事，义和团运动被镇压之后，大清江山日薄西山，一年不如一年，慈禧太后驾崩以后，清廷别说还钱给晋商财团，连自家的日子也过不下去了。辛亥革命推翻了清王朝的统治。这个“金火车头钟”便成了当时晋商支持清朝皇室的有力佐证，同时也成了晋商当时稳居国内首富宝座的不二明证！

这个“金火车头钟”由黄金、白金、乌金和水晶组装而成，重达42.25千克，钟身满镶各种宝物，车头里的蒸汽装置至今还能用，车头行走起来，烟囱里还会冒出烟气。其式样之新颖，工艺之精巧，颜色之协调，至今仍属罕见。实际上这个“金火车头钟”是清朝强盛之时，西方国家使节代表其政府送给清廷皇室的珍贵礼物。现在，一模一样的金火车头钟，故宫里有一个，“三多堂”里有一个。皇宫里才有的宝贝，晋商大院里也有，我们不得不为山西商帮当年在京都的地位跷起大拇指。

《清明上河图》是北宋时期的画家张择端的作品，属国宝级文物，现保存在北京故宫博物院。据传，1945 年，苏军击败号称实力最强的日本关东军，在沈阳机场逮捕了跟随日军逃跑的“满洲帝国皇帝”溥仪和他的众多随从，并且没收了溥仪逃亡时所带的全部物品。溥仪的十几箱物品中，大多是他从故宫被逐出前转移出来的大量珍宝和字画，其中有不少是绝世珍品，这里面就有这幅《清明上河图》。苏军没收了这些东西之后，没有组织专家，而是找了一个少校级军官来进行挑选，把他认为好的东西留下，把他认为没有多大意思的物品还给溥仪。最后的结果是，溥仪随身带的几箱黄金珠宝被苏军没收了，字画玉器被全部归还。我们不知道苏军当时选择的标准是什么，也不知道他们留下的黄金珠宝中有些什么价值连城的物件。我个人觉得仅这件《清明上河图》就足以抵消留下的全部黄金珠宝。当然，我的这种推测对不对，已经无法判定，也没有什么意义了。

我们还是回过头来说“三多堂”里收藏的这幅《清明上河图》吧。故宫里收藏的是宋朝大画家张择端的真品，而“三多堂”里收藏的这幅画，据传是明朝大画家仇英的真迹。历朝历代，有不少画家都临摹过张择端的《清明上河图》，但因为没有记载，因而也无法统计。但仇英临摹《清明上河图》却是有史籍记载的。仇英先起是临摹，后来就模仿张择端的创作初衷，进行了《清明上河图》的再创作，在后来的创作中，仇英就不是模仿张择端了，而是进行了一种升华，力求通过自己的作品来表现他自己家乡的景况，所以说，仇英的《清明上河图》其实画的是江南水乡。

其实，大家都知道，这两位古代大画家画的《清明上河图》，题目中的“清明”与我们今天的“清明节”没有任何关联，而是一种意境和指向，意思就是天下太平，政清民和，社会繁荣，人民安居乐业。画家们正是用这种创作来展示当时城市的真实情景，反映当时的社会风貌。

仇英是明代著名画家，江苏太仓人，师从周臣，擅人物，尤长仕女，后移居江苏苏州，可以说是明朝最有名的画家之一。

这幅“仇英本”《清明上河图》，构图结构基本与张择端的《清朝上河图》相同，只是仇英的画中建筑规模更加宏大，崇楼台阁、深宅大院更加宽敞亮丽，店铺门面一个紧挨着一个，银楼、酒楼、香楼、裱装店、古玩店前均是人来人往，十分热闹。歌舞坊门庭若市，校场内人头攒动，当时的情景真切地跃然纸上。大画家董其昌曾评道：“询非过誉，尤工仕女，神采生动。”仇英的《清明上河图》画的是明代苏州城的市井风貌。与张择端的时代相比，仇英晚了近400年，这400年里中华大地发展很快。因为从明朝初期开始，国外的玉米、番薯（红薯）、马铃薯等相继传入中国，缓解了老百姓对小麦、水稻的需求，缓解了人们在主食生产方面的压力。据专家估计，当这几种农作物传入中国以后，中华大地对人口的承载能力，由原来的0.5亿左右，一下子增加到3.5亿左右，提高了六七倍之多。

还有一点必须强调的是，在宋朝以前，中国的城市里面的住宅区和贸易区是严格分开的，并且商品的交易时间有严格限制。自北宋以后，商铺已可随处开设，且不再限制商品交易时间，而张择端的《清明上河图》形象地反映了北宋时期开封城内商业的繁华景象。随着人口的增加、城市街道的发展，中国这块土地上也发生了显著的变化。所以，明朝时期的苏州大街应该远比北宋时期的汴京繁华许多，市井中的各种店铺也应该更密集、更热闹，各种城市建筑也应该更高大。

由此可见，曹家大院的这幅《清明上河图》虽非宋朝张择端的真品，但也是明朝大画家仇英的真迹，亦是价值不菲，堪称传世之品。不论是艺术价值、时代价值和市场价值，都完全可以和故宫里收藏的那幅《清明上河图》相媲美。

在曹家大院的大堂屋里，还摆着一面巨大的木刻屏风，高3.8米，长5米，重约500千克。这面屏风又高又大，远比一般的屏风高大厚重得多。这面屏风的左右两侧各有一对小狮子，口含彩带，足蹬彩球，动中有静，静中有动，活灵活现，生动无比。屏风上下共镶嵌了92块精心挑选的大理石，大理石四周用象牙嵌边。屏风上下里外没有用一根钉子，也没有使用任何黏合剂，全部是榫卯结构，可见工匠用心之良苦和技能之高超。屏风的正面是五面俄罗斯产的镜子，光洁明亮，虽历经百年但明亮度无任何减退，足以见证百年前的欧洲工艺之精湛可靠，更足以见证山西商家的实力和眼光。屏风的绝妙和精华之处在其背面，其背面上下各50个字形不同的古寿字合为“百寿”，“百寿大屏风”即由此得名。屏风中间的名言警句是清代书法大师祁寯藻的真迹，这些名言警句摘自中国古代17位学者开导、告诫后人的文章。祁寯藻是清朝的道光、咸丰、同治三位皇帝的老师，是深受清朝皇室重用的高级幕僚。祁寯藻是山西寿阳人，应该说是清朝时期山西的杰出人物。曹家也是清朝的顶尖商家，在明清两朝500多年中，一直作为晋商的代表性人物，走在时代的前列。曹家向作为老乡的当朝帝师求墨宝，也是合情合理的。

屏风上的这些传世名言警句，既有告诫后人如何安邦定国、做明君贤臣的，也有教导后人如何克己遵礼、待人接物的。这些名言警句是阴刻在屏风中央的，刻得特别细致认真，每个字都涂以金粉，时至今日，看来仍然光彩夺目。这面“百寿大屏风”堪称国宝。

在“三多堂”里，比较引人注目的还有许多书法精品，在这些书法作品中，赵铁山的作品最多。

赵铁山，山西太谷县人，是我国现代著名书法家之一。赵铁山的篆书、草书、隶书、行书均为极品，他书法路数宽，境界高，非小家所能比。1926年在上海举办的全国书画展上，尽管赵铁山年事已高，但他仍以“四书”获得极高的赞誉，被誉为“华北第一支名笔”，康有为称之为“大江以北无出其右”，当时有“南吴北赵”（吴为吴昌硕）之美称。赵铁山是中国现代史上最后一批拔贡之一，但他不屑为官走仕途，回乡专攻书法。“立品直须向白壁，读书何必志青云。”这副自撰联就是赵铁山人品的真实写照。

在“三多堂”里还有大量的明清瓷器，这里收藏的明清古瓷器约有

2000 多件，从器型上来分，有杯、碗、钵、碟、盒、盆、盂、瓶、罐、缸、壶等几十种，这些都是晋商当年日常使用的物件，得以保存至今日，实属不易。因为在中华人民共和国成立以后，晋商的后人作为富裕户多被另眼相待，他们的房产大多被分给了当时的贫下中农，财产也大多被没收。现在晋商的几座有名的大院，在当时，有的是被收缴做了粮库，有的办了党校，有的办了小学校，这才得以比较完整地保留了下来。

改革开放以后，这几个大院所在的县，又开始将以前住在大院的单位和家户陆续迁出去，同时对大院进行了适当的修缮，将大院里原有的一些知名的文物、一些有历史价值的物品、一些有关晋商的物件收了回来，以充实大院的展示内容，努力还原历史真实。

普救寺和黄河大铁牛

普救寺地处晋南永济市蒲州古城东3000米的峨嵋塬上，在中国历史上是一个非常有名的寺庙。这个峨嵋塬西面是历史上著名的盐运通道，即有名的蒲津渡遗址，是有历史记载的最早的浮桥——蒲津桥所在地，这些使得普救寺一跃成为历史上的知名景点。

我第一次去普救寺是在“文化大革命”刚刚结束后不久，那个时候国家百废待兴，普救寺的建筑已损毁殆尽，只有那座鸳鸯塔孤零零地耸立在土丘之上，四周全是光秃秃的黄土和农民们种的星星点点的庄稼地。后来随着改革开放和社会主义现代化建设步伐的加快，国家投入大量资金，逐步修复这些文物。尤其是这几年，国家对文物保护修复越来越重视。进入

21 世纪后，当地政府和一些公司开展较大规模的旅游产业投资与合作。普救寺作为一个旅游景点，自然而然地被确定为投资的重点，继而成为万众瞩目的热门景区。

普救寺的出名还和一出戏有着直接的关联，这出戏就是有名的《西厢记》。《西厢记》后来又被历代文人演绎成了许多舞台戏剧，演绎成多部现今的电视剧，演绎成了中国民间爱情故事的经典范例。难怪在《红楼梦》一书中，曹雪芹写贾宝玉在大观园里第一次读《西厢记》时，发出看这些书时“连饭也不想吃呢”的感慨，可见，《西厢记》在中国封建社会末期，对少男少女们的爱情的启蒙作用是多么的巨大。

普救寺成就了《西厢记》，《西厢记》传播了普救寺。愿天下有情人终成眷属的石破天惊之表达，成为后世万代对爱情的无可替代的祝福语。

说到这里，我不得不多说几句，山西是中国优秀传统戏曲文化的发祥地之一。在元朝中期，山西南部就出现了一种戏曲的初级形式——山陕梆子。山陕梆子最初流传于山西南部和陕西南部的黄河两岸，后来，黄河两岸的山陕梆子沿着各自的方向逐步发展。山西南部的向北向东发展扩大，向北进入山西中部地区，发展成为中路梆子，又进入雁北、大同地区，成为北路梆子，进而扩展到与河北、内蒙古相连地带，这一地带迅速成为北路梆子的流布地区。向东的进入了河北，称为河北梆子。明确一点，北方这几大梆子原来都是同一个祖先，也就是华北地区的这几大梆子都是从晋南传播开来的。而在陕西，初期的山陕梆子在黄河西面向西扩展自己的影响，最后发展成为秦腔，再往西扩展到宁夏、甘肃，占领了中国西北部的大多数地区。

在这两大片山陕梆子的流布地区，人们对梆子腔至今热情不减。陕西人自嘲自己的这片区域是“八百里秦川尘土飞扬，三千万老陕乱吼秦腔”，足见他们对秦腔的热爱。而在山西，山西电视台的戏剧频道是山西最热门的频道之一，也是全国所有省级电视台仅存的戏剧频道。其他许多省级电视台原来办的戏曲频道早就“关门谢客”了，山西电视台的戏曲频道至今还很红火，时不时还举办全国性的戏曲比赛，请的评委大多是当年全国各

◆ 永济普救寺

◆《西厢记》剧照

地戏曲界的明星大腕。但山西电视台的戏曲频道到底能走多久，谁也说不清楚。但仅这一点，就足以见证这块传统戏曲文化发祥地的躁动与发展。

我们还是回过头来说普救寺吧。普救寺历史比较久远，寺内现存的碑刻和当地的地方志，都记载它始建于隋唐时期。但这几年经过专家对现有出土物件的考证得出，普救寺应该是建于南北朝时的北朝中晚期，距今已有1400多年历史了。

在这1400多年中，普救寺也像其他所有的长者一样，命运多舛，几经磨难。1985年，文物管理部门拨巨资重修了普救寺，使其基本上恢复了唐宋时期的规模。修复后的普救寺，殿堂楼阁，佛塔廊榭，鳞次栉比，错落有致。更加吸引人的是与《西厢记》相关的建筑穿插其间，史实相映相证，引人入胜。寺庙虽然不大，也没有特别高大宏伟的建筑，但是，这里一是有《西厢记》这部历史名著为其扬名，二是与附近的蒲津渡与蒲州故城遗址、复建的鹳雀楼相映生辉，组成了一个很有考古研究价值和学习氛围的旅游集体方阵。

前面提到，普救寺是《西厢记》故事的发生地。《西厢记》故事源出唐代元稹的传奇小说《莺莺传》（又名《会真记》），后到金代董解元复改为《西厢记诸宫调》，王实甫即在此基础上编写成杂剧剧本《西厢记》。

元代王实甫创作的《西厢记》，共五本二十一折，通过佛殿奇遇、花园联吟、听琴知音、送简传书、月下私期等一系列富有戏剧性的情节和诗意浓郁的情境，展示出张生与崔莺莺这对青年男女从相识到相知的过程。这个故事在中国真可以说是家喻户晓，尽人皆知。它的主要意义在于，一对一见钟情的青年男女，为争取婚姻自主，敢于冲破封建礼教的禁锢，打破中国古代婚姻“父母之命，媒妁之言”的陈规陋习，表达了对封建婚姻制度的不满和反抗，对美好爱情理想的憧憬与追求。《西厢记》在这几百年中，一路走来，成了中国无数青年男女追求爱情的榜样和力量的源泉。王实甫元杂剧《西厢记》的问世，在我国文学史上产生了广泛深远的影响。

从史称“董西厢”发展到“王西厢”，《西厢记》从文字的话本发展成为舞台上的故事和人物，这一变化实现了质的飞跃，它传播更广、更远，接触的人更多、更广泛。就像今天的人们看电视一样，大家看戏，议论戏，说解戏的内容，分析戏曲人物的好坏对错，模仿戏曲人物的行为做派，中国戏剧的“高台教化”作用开始显现。愿天下有情人终成眷属的美好祝福，激起了无数青年人对爱情的向往，一种民主的愿望和追求在民间慢慢滋生出来，升腾开去。

一种说唱形式，一台戏剧，一座千年古寺，成就了中国古代一个美好的传说，也激励着我们今天许多年轻人去追求美好生活。《西厢记》在戏曲舞台上也开放出了许多花朵，流传到各地。而这部舞台上的爱情故事比莎士比亚的不朽名著《罗密欧与朱丽叶》要早好几百年，《美国大百科全书》对《西厢记》是这样评价的：“……是一部充满优美诗句的爱情戏剧，是中国13世纪最著名的元曲之一，是这一时期最具代表性的作品。”

由《西厢记》到《玉堂春》，再到《杨家将》，山西既是这些故事的发生地，也是这一系列戏曲的发祥地。中国传统戏曲和这些传统故事相辅相成，融为一体，把中国古代文化的发展一次次推向高潮，一拨拨推向世界。我们不能低估了中国戏曲在传统文化发展中的作用，同样也必须充分认识到山西在中国传统文化发展中的重要地位。

如果说《西厢记》的故事最初始于唐代元稹的自传体小说《莺莺传》，那么在离普救寺不远的黄河边上，还有一个同是唐朝时期的重要文物，那就是有名的黄河大铁牛。

20世纪80年代末，文物工作者们在山西古蒲州西门外的黄河故道上，寻找到了黄河上有名的蒲津渡遗址，蒲津渡千年来一直是黄河上的重要渡口，和山西境内的茅津渡、风陵渡，河南境内的孟津渡一样，都是黄河上有名的古渡口。文物工作者们在蒲津渡遗址上，挖掘出了唐开元年间铸造的4只大铁牛。这4只铁牛呈矩形排列，皆头东尾西，尾部各有一根巨大的铁轴，这是当年为固定浮桥拴铁索用的。铁牛分别铸连在长方形的铁板之上，每块铁板之下又有六根大铁柱，向前斜插，可入地3米多深。这就是中外古代桥梁史上绝无仅有的黄河铁牛地锚。

据史料记载，黄河铁牛地锚是唐开元十二年（724年）铸造的，距今已有近1300年的历史，它是我国古代交通史上的一大创举，有极高的历史、科学、艺术价值。2001年，蒲津渡与蒲州故城遗址被列入全国重点文物保护单位。此后不久，江泽民亲自到这里视察，并亲自批示建立“蒲津渡遗址博物馆”。近30年来，这里成了人们游览的重点地区，也成为专家学者们研究古代桥梁史、冶金史、雕塑艺术史、黄河故道变迁史、民族发展史的重要实物资料。

国家投入巨资在黄河上建设一座浮桥，其运输的物品绝不应当是普通的物品。我个人认为，其运输的物品主要是国家统购统销的食盐。汉元狩三年（前120年），汉武帝正式实行盐铁专卖政策，那时候普通人是不许触碰这些国家重要物资的。运城盐池是中国汉民族地区唯一的盐生产基地，唐朝时期，海盐的提炼还是几百年以后的事情，西南的井盐产量太小，而且远水解不了近渴，西北的大盐湖还没有被发现。可见，我们现今食盐的主要供应者东部沿海地区、西部青海的大盐湖，都还根本没有进入解决社会需求的渠道。只有运城盐池史称潞盐的盐巴一直是历朝历代统治者依赖的重要战略物资，是百姓们不可或缺的生活必需品。

多少朝代，国家实行盐铁专管政策，铁器的制作必须进行严格管理，防止敌对势力制作武器，颠覆政权。对食盐的管理实际上是对人口的管理，因为，每个人对食盐的消费是一个恒定量，想多吃或少吃都是不能的，不吃则更加不行，每个地区食盐消费的变化实际上就代表着人口的变化，代表着人口的增加和减少，代表着地区实力的增强与减弱。历朝历代的皇帝和中枢管理者必须要掌握这个变化，并从人口数量的变动中洞悉形势，了解影响国家政权稳定的危险可能来自哪里，人口数量变动异常的地区是哪里。

食盐的运输也是国家的重要工作，只有按照国家的有关规定，保证把盐运送到指定地区，保证人们能够正常地购买到所需的盐巴，才不会因此而带来不必要的社会动荡。同时，盐税是历代王朝重要的财政收入，历朝统治者都知道，食盐生产投入少、收益大，国家必须把这一块自己掌管起来，减少偷漏环节，增加国家财政的收入。潞盐因此成为统治者手中的宝贝，对它的管理是各级管理者的一项非常重要的工作。

还有一个重要原因，在山西省恒山一代，设有当时中国境内最重要的三个关口——雁门关、宁武关、偏头关。这三个关口都是中原防范北方游牧民族入侵的重要关隘，关下都是重要的战场，每年朝廷的大量军队都要在这里布防，整个国家的财政花费都要向这里倾斜。这里是国家政权、国防建设的重中之重，因而修建这座浮桥非常有必要，浮桥的修建可以解决大军北上、大军后勤供给北上的难题，所以说这是不可忽视的国家“重点工程”。

正因为如此，朝廷才下大气力修建了这座浮桥，如果仅仅为了两岸的沟通是没有必要下如此大气力的。只有修建起这座浮桥，才能有效地保证食盐运输的正常和畅通，保证国家管理的正常化，保证国防的安全，保证权力行使的正常化。

对于黄河大铁牛，当地许多年长者都还记得，只是随着黄河的多次泛滥和河道变化，随着时间的推移，人们的记忆才变得支离破碎，变得不准确了。1927 年，当时任永济县国民政府县长的赵祖汴曾经组织民工，寻访原址，但开挖数月终未得果。中华人民共和国成立后，1959 年曾计划开挖，因无线索，故未成行。那个时候挖掘黄河大铁牛，是不是为了大炼钢铁，为了完成任务，为了完成炼铁的指标？现在没有人可以给出肯定的答案，但是我认为存在着这种可能性。因为在“大跃进”的口号下，在大炼钢铁的行动中，许许多多重要文物，许许多多普通百姓家祖祖辈辈传下来的珍奇物品，包括许许多多普通百姓家的日常生活用品，像菜刀、门扣、铁锅、铁铲等都交出来炼成了铁水，浇铸成生铁疙瘩。然后，把这些生铁疙瘩统计个数字，逐级上报，就是大炼钢铁时的重要功绩。至于寻找黄河大铁牛，最终没有结果，是好事，还是坏事，也让人难以评定。

1989 年 8 月，应该说这是一个值得纪念的日子，文物工作者们查阅历史资料，用现代科学仪器测量，确定方位，在报请国家文物主管部门同意后，正式进行挖掘。在地表以下好几米深的地方，找到了蒲津渡古渡口遗址，找到了蒲津渡浮桥东侧的四尊铁牛、铁人、铁山和铁柱等历史文物，使这一大批埋藏于地下的唐开元年间铸铁艺术品得以重现于世人眼前。

其实，在黄河中间的大块沙洲上还有同样的一组铁牛、铁人和铁山，准确地讲那是河对岸的一组。但是随着时间的推移，尤其是黄河的变迁，这组铁牛从河对岸到了河中间。中国人有句俗语“三十年河东，三十年河西”，说的主要就是黄河的大变更。历史上黄河多次大改道，数次“夺淮入海”，即从安徽的淮河进入大海，又多次向北方泛滥，经山东境内进入大海。生活在这里的老百姓，最直接的感受就是自己由属于河南突然变成了属于河北，由属于河西突然变成了属于河东。所以，人们始终认为黄河河神桀骜不驯，无从驾驭，从古到今治理黄河河道都是当政者的重要任务。

娘子关

万里长城是中华民族抵御外来侵略、保卫国土家园的永久象征，这是人们的共识。歌手张明敏演唱的歌曲《万里长城永不倒》曾经风靡中华大地几十年，成为一代人永久的记忆。说到长城，中国乃至世界都有许许多多重要的话题，而我要说的，恰恰是一个非常小的话题，因为这个话题与我们山西省有关，所以我们不妨提出来说一说。

我个人感觉，长城的关口命名基本上是以地方和山头的名字命名的。像“山海关”“老龙头”，像北京的“八达岭”，像河北的“金山岭”，像山西的“雁门关”，像明长城最西端的“嘉峪关”，都是以地名或山名命名的，唯独在山西有一个特例——“娘子关”，这个特例大大地增加了“娘子关”的神秘性和趣味性。

山西历来是兵家必争之地，因为这片黄土地高于整个华北大平原，俯瞰整个华北地区。山西这个地方，设置的行政管理者，历来级别不是很高，有时候还低于周边的河北、陕西，但驻守的军队的级别却很高，可见历朝历代的统治者都非常重视山西这片黄土高原的安全与稳定。从秦汉到清朝都是如此，就连日本人入侵中国，山西全境也是其用兵的重点地区。而在整个抗日战争期间，山西又成了八路军发展壮大的重点地区。抗战初期，经过整编后的八路军三个师全部部署在山西境内，成为整个抗日战争期间敌后根据地的中坚和榜样。

我们还是回过头来说娘子关。之所以取了这么个关名，是有历史缘由的。据史料记载，在隋末唐初，唐高宗李渊的女儿——平阳公主随其父兄征战多年，在推翻隋朝政权、平定当时多路诸侯战乱的征战中，战功卓著。在防守太行山一线诸多关隘山头的战斗中，起到了非凡的作用。平阳公主多次率领其号称“娘子军”的队伍，参加战斗，夺关斩将，建立了功勋，而后其父又命她率部驻守在这里，正式建关设卡，部署军队防守，并将此关命名为“娘子关”。

古长城在山西境内设有很多关口，著名的有雁门关、宁武关和偏头关，还有平型关等，但说到底要数娘子关名气最大。“雄关百二谁为最？要路三千此并名。”娘子关的地位是不容置疑的。

娘子关在历史上的重要地位不容忽视，我们仅以近现代史上的几次战斗来说。据传，清光绪二十六年（1900 年），英、俄、日、意、法、德、美、奥组成“八国联军”，由英国海军中将西摩尔率领，经大沽到天津乘火车进犯北京，开始了八国联军侵华战争。八国联军攻破北京城后，迅速占领了紫禁城，慈禧太后和光绪帝仓皇西逃。当时，法德联军沿河北向南追赶，伺机西取娘子关，追击慈禧太后、光绪皇帝。清军大同镇总兵刘光才统兵至井陉据险设防，坚守娘子关及固关两处关隘，法、德联军原来想得比较简单，但面对这太行山中的雄关关口，久攻不下，反而损兵折将，伤亡惨重，不得不放弃追击慈禧太后和光绪帝的计划。在北京的八国联军统帅部反而据此威胁清廷，认为清军在娘子关的防守令他们伤亡太重，必须做出让步，必须让娘子关守军撤出关口，否则就要中止在北京的谈判。在北京负责谈判的清廷王爷们迫于无奈，只得命刘光才从娘子关撤出守关的官兵，娘子关、固关才相继陷落，法德联军才得以进入山西境内。而据守娘子关及固关的刘光才部则打出了威风，打出了名气，消灭了大量的法德联军，为当时日薄西山的清政府挽回了一点可怜的颜面。

清宣统三年（1911 年）10 月，在武昌起义的影响下，太原起义成功，随即成立了山西军政府。山西军政府任命姚以价为东路军司令，带兵赴娘子关、固关一线布防守关，抵御清廷派出来镇压起义的军队。清廷任命吴禄贞为山西巡抚，率兵经石家庄、娘子关进入山西进行围剿。吴禄贞本人就是孙中山创立的兴中会成员，他不但暗中支持山西的反清义军，而且随后寻机与山西起义的民军一起，组成了保卫山西与河北部分地区的燕晋联军，与阎锡山共同抵抗清廷。"燕晋联军"作为辛亥革命的一股重要力量，曾多次参与推翻整个清朝统治的战斗。当然，这场革命曾一度遭到失败，吴禄贞本人也受到了残害，血洒征途，但辛亥革命时赫赫有名的娘子关阻击战却永远被人们牢记在心中。

1937 年"七七事变"以后，日军侵华战争全面推进。当日军在忻口战役中遭受重创后，为了尽快打开山西东部的战略出口，日军派重兵攻击娘子关。1937 年 10 月 11 日，娘子关战役打响了，日军攻击的主力是川岸文三郎率领的第 20 师团，中国军队依靠地形优势，在平型关大捷的鼓舞下，士气高昂，浴血奋战，重创了敌军，成功地阻击了日军的西进战略。娘子关战役使太原军民得到了撤退的机会。中国军队既保存了实力，也保护了山西境内大批民众的生命财产安全。

1940 年 8 月，为了打击日军的嚣张气焰，八路军总部决定在华北地区发动百团大战，娘子关是百团大战的一个重要战场，晋察冀军区、八路军第 129 师和第 120 师等部共 105 个团在朱德、彭德怀的统一指挥下，发动了以摧毁正太交通为主要目标的战斗，战斗打响后的三个半月的时间，大大小小的战斗已达到了 1800 余次。百团大战中娘子关战役取得了辉煌的胜利，摧毁了日军占领的正（定）太（原）线，阻断了日军在华北的重要战略运输线，炸毁了娘子关至平定的公路、桥梁和通讯线路，歼灭了1000多日军，击破了日军对我抗日根据地的“囚笼政策”，推迟了日军的南进步伐，极大地鼓舞了士气，应该说是我党我军在抗战中的重要行动之一。

娘子关名气很大，可以游览的地方确实也很多。我记得最有名的是看“海眼”。在娘子关镇上有一个规模不大的公园，公园虽然小，但历史久远，据说是阎锡山时期或更早时期的一个私家花园。在公园里面，有一个看似水井口的洞，从洞口向下看，可以看见其底部整个都是正在“嘟嘟”冒水的泉眼，泉眼的水冒得很高，泉水很旺、很大，甚至可以说超过了全国许多有名的泉水。历史上老百姓不懂泉水形成的地质结构，把这个泉眼叫作“海眼”，认为是大海里面的水从这里直接涌冒出来，所以才会有这种喷涌而出、日夜不息的“海眼”。现在用科学的方法来解释，这个泉眼涌出的水是太行山岩石层间的水，娘子关附近的太行山脉海拔大多在1500米左右，而且群峰相连，到娘子关迅速降低至海拔500米左右，巨大的落差使得高山岩石间的水从这个最低的地方喷涌出来，形成了这个独特的景观。

在娘子关镇内，家家户户都是靠泉水相连接，泉水从上游穿街过巷，一直到泄水的湖泊。街道的青石板下面是连接各家各户的水渠，在许多居民家中都有连接水道的取水口。这里的居民还利用水的动力建有水磨、水车等常用的水利设施。历史上，中国各地的老百姓如何利用水的动力，在这里都有展示，而且是真实的、实用的。

在娘子关镇的下游，就是著名的娘子关瀑布，这么大水量的瀑布在黄土高原上是不多见的。瀑布跌落之处，就是有名的平阳湖。平阳湖因平阳公主而得名，成为娘子关的一大景观。

整个娘子关镇都是坐落在泉水的引水渠上，这一点和云南的丽江古城有相似之处，只是丽江古城整个都坐落在丽江黑龙潭的泉水渠道之上，出水量很大。而娘子关镇是坐落在太行山的山凹里面的泉水之上。丽江古城的泉水来自玉龙雪山，玉龙雪山终年积雪，雪山主峰的前沿冰川是青藏高原最前端的冰川，也是青藏高原最有代表性的古老冰川之一，是丽江古城黑龙潭泉水的不竭源泉。黑龙漂泉水充沛、持久，且长年不断，成全了丽江古城的美名、美景。

当然，太行山和青藏高原地区的永久性冰川无法相提并论，和中国南方地区的多湖泊地区也无法相比。能有如此好的湖光水景，在北方、在黄土高原上已是非常难得了，再加上娘子关特有的历史文化底蕴，故为当地的旅游业带来了持久的繁荣。

娘子关所在的平定县，在抗日战争中是敌我双方抢占的焦点地区之一。而在平定县，抗战前后参加八路军和投身抗日队伍的年轻人也是非常多的。中华人民共和国成立初期，山西省委、省政府许多老领导都是来自太行山根据地，来自平定和其附近的县区。

据说，平定县及其附近地区，长久以来就有从普通农家选拔和培养人才的传统，尤其是近现代更是这样。平定县里的许多村子，都有从本村的少年中选拔人才的做法，首先是经过村民们公议，大家共同推举，谁家的孩子聪明，谁家的孩子学习好，谁家的孩子孝顺、忠厚，谁家的孩子有志气，只要得到大家的认可，经过村民们公议推举，这个孩子在学堂里面的全部学费，就由村子里面的祠堂支出，自己家不用再花钱。这种公推每一两年进行一次，被公推出来的，但又不争气、不被认可的可以被淘汰。其实，这种选拔少年才俊的做法，在我们山西早有实行，各地的做法大同小异，一个村子、一门姓氏、一支族群都有各种选拔培养人才的途径。中国近现代史上，这种淘汰式的公推制度使得当地贫困的农户家庭出了不少人才，可以说这是中国农村在近现代培养人才的一个好方法。当然，中华人民共和国成立以后，随着公有制经济制度的确立和基础教育的普及，这种原始的公推制度也就无疾而终了。

娘子关还有一个吸引人的地方，就是交通便捷，铁路、公路都在这个小小的山隘中会合。山西境内第一条高速公路——太旧高速公路从这里穿越而过。从太原出发不久即可到达娘子关，进了娘子关镇，就可以畅快地游览太行山中的这个“小江南”了。而且，在娘子关附近，还有不少景点可以游览观光，像唐代的老君庙、妒女祠、铁佛寺，宋代的寿圣寺，明代的崇岩寺，都在这附近，足够你在假期或周末来此游览一番。如果想进行健身游或休闲游，或爬山攀长城，或穿越太行山中的林子，或泛舟湖上或访古问今，都会有去处、有收获，一定能够让你得到满足。

人常说“文似看山不喜平”，游览更是如此。看到山，看到大山伟岸神奇，看到山崖壁立千仞，看到山脉绵延不绝，更能领悟到人生道路的曲折。

芦芽山和汾河源头

芦芽山是山西省西北部的吕梁山脉的北段分支。对外讲是游览芦芽山风景区，准确地讲是游览这里相互串联在一起的一大片景区，这中间的每一个景区都是非常吸引人的，都有独特的魅力。

这一片景区就包括名冠三晋的汾河源头、有莽莽林海的芦芽山山林、一望无际的空中草原荷叶坪、天下稀奇的千年冰洞、凌空而建的空中栈道和举世罕见的高山平湖——天池。这一连串的著名景区就像一串美丽的珍珠，镶嵌在宁武大地上。再加上岢岚的卫星发射基地，古老的景区与现代的科技联系在一起，让人们产生了许多丰富的联想，也使得这一片美好景色焕发出了新的活力。

我们先说说汾河源头。汾河是山西人的母亲河，这个说法当然有许多比喻和夸张的成分在里面。黄河在山西省的西侧，从北至南又绕向东方，和山西省的亲密度超过它流经的任何一个省份。黄河是中华民族的母亲河，山西是中华民族的发祥地之一。从这个角度看，山西应该与黄河更亲近。但是，黄河从北向南穿越晋陕大峡谷，是山西省与陕西省共有的荣誉，而汾河从北向南贯穿整个山西腹地，它养育了河两岸的芸芸众生。千百年来，汾河在文人墨客的笔下一直代表着山西，所谓“河汾之地”，强调的正是这一点。所以，从某种意义上来说，把汾河称为山西的母亲河，也是完全应当的，是合情合理的。汾河基本上贯穿山西的中心地带，山西省共有 11 个市，汾河直接流经的就有 6 个市，从北边忻州市经太原市、晋中市、吕梁市、临汾市一直到运城市。如果从水系来说的话，汾河与大同市、阳泉市、长治市和晋城市都有关联度，很难说清楚。汾河源头在宁武县管涔山。汾河是黄河的第二大支流，是山西省内最大的河流。汾河全长 693.8 千米，从宁武县出发，一路南下，到河津市西入黄河，流域面积近 4 万平方千米，约占山西省总面积的四分之一。汾河养育了五分之二的山西省人口，是三晋文明的摇篮，是山西的名片。

据历史记载，汾河水资源曾经十分丰富，水量很大，可以行走皇帝的龙舟和大型的战船。战国时便有秦穆公“泛舟之役”；汉武帝也曾经乘坐楼船溯汾河而上。唐宋辽金时期，山西出产的木材和粮食往往是经汾河转入黄河，再转运到全国各地的。

历史上行船如此便捷的汾河，现今变成这般可怜兮兮的模样，真是令人难过。当年便利的水上交通，我们如今既看不到，也难以想象，只能在古代文人的诗歌里找到佐证。唐代大诗人白居易在《送卢郎中赴河东裴令公幕》一诗中，曾写下“别时暮雨洛桥岸，到日凉风汾水波”，这样的诗句足以证明汾河昔日的境况。

当然，现今汾河源头的水也比历史上小了许多，这还不是问题的关键，关键是，各地本应该纷纷汇入汾河的支流，或干涸，或减少，或被污染，或断流。汾河这条黄河的第二大支流，也早已是名不副实了。

汾河如此，山西境内的其他河流，境况只会更差。山西西南部的涑水河，早些年就已经断流。山西以煤炭行业为支柱产业，100 多个市（县、区），几乎都是靠挖煤来维持工作、生活的正常运转，一日不挖煤，一日不卖煤，日子就过不下去。煤挖得越多，煤矿的开采越深，土壤的含水层的渗透就越严重。久而久之，含水层变成了渗水层，越往上越干涸。再者，黄土高原的黄土层更是难以保水、蓄水，黄土越厚的地方，保水、蓄水能力越差，像位于吕梁山西侧的山西临县，厚厚的黄土，山峦光秃秃的，在冬日的阳光下泛着昏黄，连草都难以存活，更别说长庄稼了。

在宁武的芦芽山风景区，最好看的就是芦芽山的莽莽林海。这片山林是天然次生林，松树密密实实地覆盖在这一片所有的山上，从山脚下直到山顶几乎没有裸露之处。这里的松树都长得又高又壮，满眼望去，都是合抱之粗的大树，钻进林子里就仿佛进了东北的林海。

芦芽山树高林深，普通的旅游者只能在导游的带领下，沿着规定的路线上山下山，这当然很是无趣。假如采取现今自助游的形式，那就会很有意思了。我来过这里几次，都是自由往来，自己带车，约几个朋友，在山上钻树林，探悬崖，摘野花，访古迹，寻找更好的风景。有一次，我们一行人在山上遇到大雨，五六个人被大雨堵在了山顶上的太子殿。眼看天色已晚，山上已经基本上看不见其他游客的身影了，我们也不敢再继续躲雨，生怕天完全黑了以后，无法下山，到时候只能在山上待一晚上。为此，我们几个不得不冒雨下山，一路上高一脚低一脚，一脚泥一脚水，跌倒了赶快爬起来，不管不顾，只是相互搀扶着、照应着拼命往山下走，只想着一定要下了山。那一次真的很狼狈，我们一个个浑身泥水，像落汤鸡似的，晚上九点多钟终于回到了山下的住地，大伙儿好长一段时间都没有缓过劲儿来。

芦芽山景区山高林密，树林里面道路不多，而且大多覆盖着厚厚的树叶和杂草，踩在上面软软的。据说山里有毒蛇，这在北方比较罕见。北方有蛇，但绝大多数是无毒的，如果是毒蛇就比较令人恐惧了。芦芽山顶上有一座太子殿，供奉的是释迦牟尼的法身毗卢佛，这里海拔 2700 多米，太子殿除正门外的另外三面都是悬崖，虽然不是万丈深渊，但足足有 200 多米深。由于山高林密，来此的游客对大森林的兴趣较浓，对山顶的小庙关注度较小。外地人来了，看到芦芽山有这么大的天然林区，感觉很新鲜，因为这么大的密林在别的地方已经不多见了。其实，在山西境内，像这样的林区至少还有七八处之多，像太岳山林区的七里峪，太行山大峡谷的红豆峡，蟒河旅游区的原始森林，还有垣曲县舜王坪南面的七十二混沟，基本上都是人迹罕至的原始森林和次生林，现在仍然处于保护状态，国家严禁任何人开发。

从芦芽山林区往西南走，就到了荷叶坪了。荷叶坪是一片非常平坦的亚高山草甸子，面积有 3 万多亩，可以说是整个华北地区最大的亚高山草甸子。荷叶坪是山西省西北部最高的山峰，和山西东北部的五台山的高度亦不相上下。我曾经多次和朋友们一起游览过荷叶坪，而且好几次都是我们自己带着酒、菜和喜欢吃的零食，在山顶的小溪旁找一块相对平展且光滑的大石头，大家围坐在上面，边欣赏美景，边对着酒放声歌唱。在和煦的阳光下，时光过得很快，酒也喝得很快、很多，不知不觉间，几瓶白酒几乎都见了底。

在荷叶坪上，最好玩的是骑马。年轻人气盛，骑在马上也要争个高下，让马撒欢子跑。年龄大点的都老老实实地骑在马上，让牵马人牵着马慢慢地走。晋西北的汉子都爱唱几句河曲民歌，尤其爱唱民歌里的“酸曲”，也就是情歌。在我们的鼓励下，牵马的汉子放开喉咙唱起了他们的心声，我们也与他们对和着。他们叙述着，我们鼓励着；他们悲哀着，我们感叹着。一路走来，大家似乎成了知心的朋友。这种感觉现在想起来都令人兴奋不已！

有一次，我们一行人上山游玩，临走时因为天气炎热，大家都只穿了夏天的衣服。在山上骑马游玩时，感觉山顶上气温又低，湿度又大，大家都有点吃不消了。这个时候我们这些城里人也顾不得什么了，大家纷纷向牵马的人借衣服穿，山上牵马的都是些中年汉子，就毫不犹豫地把他们穿的毛背心和外套脱下来让我们几个穿上。牵马人天天和骡马打交道，衣服都有一股子骡马的骚味，且又脏又油腻。我们也顾不了那么多，争先恐后地把那几件衣服穿在身上。山上凉风习习，浓浓的雾气中，一两米之外就看不见东西了。我们一行人，骑着马一个个依次从厚重的雾里“钻”了出来，相互对视一番，禁不住大笑起来，感觉彼此都很像某些电视剧里的山贼土匪，随即大家相互调侃了一通，很是开心快活。

荷叶坪地处宁武、五寨、岢岚三县交界处，天气好的时候，站在山顶上，这几个县的村庄尽收眼底。春夏秋冬景色各不相同，从荷叶坪崖边向远处望去，只见千山万壑如浪涛奔涌，山岗上、沟壑里、平地上、村庄里，到处都是绿色和浅黄色，难以分清楚庄稼地和林地、草坪，村落里炊烟袅袅，祥云在远处盘绕。整个景色令人仿佛置身于神话世界。

从芦芽山的莽莽林海里出来，向东北方向走，我们便进入另一个奇异景观连连呈现的景区——清真山景区。

不知道宁武怎么会有这么多稀奇古怪的历史遗存，在清真山景区我们看到的是万年冰洞，看到的是古代的崖葬群，看到的是悬崖上的栈道和悬空村。

宁武县的万年冰洞是在20世纪80年代被发现的，据说当时也是为了看地下有没有煤而在打井钻探时无意中发现的。当时，宁武县里请了省里和中科院的专家来考察。专家们认为，宁武冰洞是一处世界级奇观。如果仅就当地气候条件而论，根本构不成四季冰冻的环境。但宁武冰洞却是由四季不化的坚冰构成，而且愈往深处冰层愈厚。专家们认为，该冰洞是全国规模最大、储冰量最多的冰洞，也是迄今为止，在地球上的永久冻土层之外，发现的罕见的大冰洞。专家们经过钻探发现，在此冰洞以下的100米处，还存在一个更大更壮观的冰冻层，只是目前尚不存在开发的条件，等以后条件成熟再开发。

专家们经过认真的考察分析，认为宁武冰洞形成于300万年前的新生代第四纪冰川期。其神奇之处就在于，按照通常情况，由于地心灼热，这种非永久冻土区的冰洞很难保存下来，唯独在这里，好像有一个天然的制冷机，冰洞不但能够保存下来，而且在打开洞穴之后，在接待过无数游客

◆ 宁武万年冰洞（一）

◆ 宁武万年冰洞（二）

之后，仍然能冰冻如初，变化不大，这是非常令人不解的，也是令专家们颇费脑筋仍然解释不清楚的事情。更令人无法解释清楚的是，在与万年冰洞一山之隔的地方，有几处始终处于自燃状态的煤层点。这里的煤层常年自燃，山上一直飘散着燃烧产生的烟雾，用现在的普通方法根本扑不灭自燃的火势。当地政府想尽了办法，从全国各地请来的专家也想尽办法，但煤层自燃的问题还是没有解决。几处煤层的自燃点离万年冰洞的距离不超过 10 千米，但火归火，冰归冰，燃烧点火势凶猛，冰洞里天寒地冻，相互间似乎没有任何影响，倒是让当地政府的担心显得多余了。

万年冰洞在全国实属罕见，尤其是在非永久性冻土层地区。全国各地都有些洞穴奇观，云南、广西、贵州的喀斯特地貌区就有不少奇特的洞穴。山西不属于喀斯特地貌区，宁武县这一片区域属于花岗岩地貌，芦芽山所在地地下几乎全是花岗岩。这里的花岗岩非常有名，而且品种齐全，埋藏浅，整体性构造好，易于开采。以前，这里出产的贵妃红、蝴蝶绿、象牙白等石材都非常好。只是近期，国家为了保护这里的生态，坚决刹住了石材开发势头，才使得这一大片青山绿水得以展示在人们的眼前。

走进万年冰洞这一片旅游区，还可以看到悬棺、栈道和悬崖山庄。

悬棺是我国南方一些省份尤其是西南地区见得比较多的丧葬形式。在长江三峡，1000 年来有个僰族聚居区，居住在这一片区域的僰人死后就是采用在悬崖峭壁上悬棺安葬的方式。在我国长江以南的山地、丘陵地区，不少地方都有悬葬的历史和习俗，近年来在一些旅游景点也能看到历史上悬葬的遗迹。据说，悬葬的习俗来自对人死后能够升入天堂的追求，人死后安放在较高的地方，离天又近了一步，这样有利于尽快升入天堂。但问题是，在我国长江以北的广大地区，基本上没有悬葬的习俗，宁武怎么会出现这么多的悬棺呢？

在这同一条沟里，还有几个建在悬崖上的村子。村民们在悬崖上开挖洞窟，作为住人的地方。洞窟与洞窟之间，或在悬崖上修建栈道，或在洞窟里挖掘通道，用于户与户之间的联系。住在悬崖上村庄里的人基本上不和山下的人打交道，这样比较安全。我曾经探访过一个通道，以前的人比较瘦小，估计在通道中通过不是什么问题，我长得人高马大，在通道中只能是半爬半走，很是憋屈难受，一路爬过来真像是经历了一次酷刑，再也不敢尝试类似的事情了。

住在芦芽山深处的这些人，会不会与原来居住地的人发生过重大的利益冲突，在当地已难有立足之地，才不得不老老小小千辛万苦地迁到这深山老林里来？这拨人中有人死去，别的人不愿意将其埋葬在这边远荒凉之地，便采用悬棺的方式，暂厝于此，待以后有条件再认真安葬。我发现，这里的人们具有明显的南方人的生活习性，他们住的地方又高又陡，根本就不适合群居，但却十分有利于保障居住者的安全。野兽、普通的偷袭者难以达到目的，如果不是这个原因，他们是不可能在如此艰难的环境中创设自己的生存空间的。

在宁武的芦芽山周围，我曾经做过一些调查，这里因为地处山西西北部的高寒高海拔地区，村民们大多以种植土豆和一些小杂粮为生，春天以前吃的是去年收获的土豆，土豆收藏在地窖里，等到新土豆收获了，再次收藏在地窖里面。这样日复一日，年复一年，他们在土豆和各种小杂粮的耕种、收获、窖藏的重复中，艰难地走完自己的一生。

在粮食生产不能满足人们需要时，土豆也可以顶上去。这里的人们早就以土豆为主食了。土豆这种在明代传入中国的洋玩意，如今真真切切地成了中国人自己的宝贝了。

宁武真的是个比较特别的地方，我和一批同道曾考察过宁武的一个村庄。这个村庄在抗日战争时期驻过八路军的一个团，当时的团政委是余秋里。余秋里在 1955 年授衔时被授予中将军衔，后来被毛泽东“点将”担任石油工业部长。他在担任石油工业部长期间，一举扭转了我国石油工业长期落后的面貌，为以后原油产量上亿吨，进入世界产油大国行列，奠定了坚实的基础。余秋里曾经担任过国家计委革委会主任、中共中央政治局委员、解放军总政治部主任，是我党我军高级领导干部中在军政两界都很有作为的一个。我们在宁武县的时候，当地政府曾提出想建一个纪念馆，以纪念曾经在这里战斗生活过的老一辈革命家。

当年，八路军和当地的老百姓在这里抗击日军，为保卫宁武、保卫吕梁山的晋绥革命根据地，为中华民族的独立和解放，作出了巨大的牺牲。按理说，今天这里的普通百姓的日子应该比历史上的任何时候都要好得多，但是他们与那些沿海发达地区的百姓相比，生活水准仍有相当大的差距，他们大多数仍然生活在贫困之中。这一切都令我思绪万端。我们国家的贫困地区该如何发展？这个问题一直萦绕在我的心头，久久难以释怀。

八路军太行纪念馆

八路军太行纪念馆建在山西省长治市武乡县县城，是一座全面反映八路军抗战历史的大型革命纪念馆。

纪念馆之所以建在山西省武乡县，最直接的原因是当年八路军总部驻扎在这里，八路军的主力部队在抗战期间主要以山西的东西两山为根据地，打击日军，成为当时中国敌后抗战的旗帜和有生力量。

“七七事变”以后，中国共产党领导的陕甘宁边区的红军主力部队，按照“西安事变”国共两党谈判的结果，改编为国民革命军陆军第八路军（后又改为国民革命军第十八集团军），朱德任总司令，彭德怀任副总司令。

第十八集团军下辖三个师：115师，师长林彪，政委聂荣臻（后为罗荣桓）；120师，师长贺龙，政委关向应；129师，师长刘伯承，政委张浩（后为邓小平）。每个师辖两个旅，每个旅辖两个团，另外还有总部特务团、总部炮团、陕甘宁留守兵团等等。那个时候，八路军人数不多，总共也就是4万余人。

因为八路军是当时国民政府正式批准组建的部队，所以，朱德作为八路军的最高指挥官，还被国民政府正式授过军衔。朱德先被授予中将军衔，后来又晋升为上将，其他八路军将领也都按职级被授予了相应的军衔。

1937年8月，八路军的三个师，分别从陕西东渡黄河，进入山西境内，在日军进攻、国民党军队后退的情况下，开始布防并寻找战机打击日军。林彪的115师主要在太行山北部五台山、繁峙一带布防，刘伯承的129师主要在太行山南部的晋东南、太岳山一带布防，贺龙的120师则在吕梁山一带布防。三个师呈三角形态势，可以对敌形成掎角之势，相互支援，共同用兵用力。

另外，120师布防在吕梁山一带，中央还有更深一层的考虑，除了打击日军，还兼具保卫黄河、保卫陕北根据地、保卫延安的重要作用，这一点是非常重要的。既要防止日本人的偷袭，又要防止国民党反动派的突然袭击。可以想见，这样的布局是当时中央高层认真分析形势后，非常有远见的做法。

八路军整编后，师下面还有旅、团等的建制，像陈赓就是旅长，陈锡联等等都是团长，红军时的师长、师政委基本上在整编后都是团职干部，营长、连长好多都是红军时期的团职干部。另外，红军改编的师还设有一至两个独立团，独立作战或与主力部队联合作战，这些独立团的负责人大多是一些作战勇敢、敢拼敢打的干部。这才有了陈锡联带一个营的兵力袭击日军阳明堡机场的胜利。

抗战初期，国共两党在统一战线的旗帜下，共同抗击日军，国民党内部极其反动的一面还隐藏着、等待着，寻找时机和共产党翻脸算总账。以毛泽东为核心的党中央对此也是高度警觉，时不时提醒全党同志，对时局的严重性要有清醒的认识，同时还经常揭露一些国民党内极右分子的阴谋。八路军和新四军时时刻刻都要正面防止日军的袭击，背后或侧面警惕着国民党反动力量的偷袭。即便是这样，也未能防止各种惨案的发生，1941 年皖南事变的发生就充分证明了这一点。国民党军方一方面催促新四军军长叶挺、副军长项英率部队抓紧时机向抗日前线移动，另一方面又调集几个军的兵力，在新四军北上的路途中暗中包围新四军的部队，准备消灭这支中共的武装力量。最后，国民党内反动力量占了上风，达到了目的，上官云相带领国民党军队在皖南泾县茂林地区包围了新四军军部及其所属皖南部队，经过几天几夜的激战，最后在弹尽粮绝的状况下，叶挺和新四军军部的部分人员被国民党抓捕。皖南事变使国民党反动势力在军事上取得了胜利，但在政治上输掉了民心。

在抗日战争期间，八路军在山西境内的三个师逐步向外扩大自己的地盘，115 师一部分到了山东，开辟了山东抗日根据地，一部分仍然在五台山附近活动，伺机打击日军。同时，经五台山向太行山北部、燕山附近、北京西部发展壮大。129 师在山西和河南、河北、山东四省边界地区建立了晋冀鲁豫抗日根据地，进可攻击华北平原上的日军主力，退可守住太行山南部地区，这里也成了取得抗日战争最后胜利的主要根据地。贺龙领导的 120 师主要驻守在吕梁山一线，他们在这里扼住黄河天险，对保卫延安、巩固和扩大根据地有着至关重要的作用。而且全国各地的抗日力量和各界人士，都是经过吕梁山渡过黄河，最后到达陕北延安，参加到抗日队伍中去的。他们只要被人护送或带领着上了吕梁山，就等于走过了最危险的地段，就等于走上了人生的正确道路。

1942 年，抗日战争走上相持阶段，山西军阀阎锡山也退守到了吕梁山最南端的山西吉县，这里山高沟深林密，易守难攻，阎锡山驻地的窑洞对面就是黄河，阎锡山盘算得很清楚，只要一有风吹草动，顺着小路下到沟底，就可以坐上提前隐藏在这里的渡船，平安到达黄河对岸。这里的窑洞之间洞洞相连，既利于隐藏，又便于作战，是最好的也是最安全的地方。

抗日战争期间，阎锡山一度驻守在这里，指挥着山西境内晋绥军的抗战。这里流传着阎锡山的诸多笑话，如“阎锡山骑毛驴——不负责任!”“阎锡山骑毛驴——大撒手!”据说，阎锡山请客，什么菜都不上，只上了一盘油炸黄豆，客人们拿筷子怎么也夹不住，结果是客人们什么也没有吃上。诸如此类山西“阎老醯儿”的笑话传至全国，成为“吝啬鬼”“小气鬼”的代名词。这些笑话终归是笑话，在历史上，阎锡山也是一个很有影响的大军阀。

在抗日战争期间，阎锡山为了自身利益支持山西成立了牺盟会。在中国共产党的推动和帮助下，牺盟会发展了自己的抗日武装力量，成立了工卫旅和独立一旅、独立二旅、独立三旅。为了把这些部队掌握在我党手里，我党往这些部队里派了一大批经过长征的红军干部，使之完全成为了我党直接指挥的部队，在抗战末期和解放战争期间，这支部队战功赫赫，有名的“临汾旅”就是这支部队的一个代表。毛泽东在许多讲话和文章、文件中，都多次提到山西的牺盟会组织和牺盟会的武装力量——山西青年抗敌决死队。现在驻防在重庆的第十三集团军，驻防在昆明的第十四集团军，驻防在中原腹地河南的空降兵第十五军，就是在这些牺盟会的老部队基础上发展壮大起来的。

到了抗日战争结束时，我党我军已经发展壮大起来了，八路军已经发展成为拥有120万人的部队。解放战争期间，八路军又由120万人的部队，发展壮大为拥有近500万兵力的解放军。

关于这方面我们可以从各个野战军的发展状况进一步了解。在辽沈战役前，林彪、罗荣桓率领的东北野战军，拥有12个步兵纵队、15个独立师、1个炮兵纵队、1个铁道纵队等。在入山海关时，部队总兵力已达到百万，而且东北野战军装备好，战斗力强。

刘邓大军，也就是刘伯承、邓小平率领的南征野战军，后来与陈（赓)谢（富治）集团合并，改称中原野战军后与华东野战军一起举行了举世闻名的淮海战役。1949年，改称中国人民解放军第二野战军，下辖9个军和1个特种兵纵队，总兵力达到28万余人。

1947 年 1 月下旬，山东野战军、华中野战军和山东军区部队主力合编为华东野战军，下统辖 11 个步兵纵队和 1 个特种兵纵队。淮海战役取得胜利以后，总兵力扩展到了 58 万余人。华东野战军在整个淮海战役中打的都是硬仗，他们自己戏称为吃“夹生饭”。华东野战军副司令员粟裕是红军时候从当连长开始，一步一步从最基层参加战斗，逐步摸索着成长起来的我军高级将领，敢打硬仗，而且在关键时候敢于拍板，敢于发令，能抓住稍纵即逝的战机夺取胜利。解放战争中淮海战役打得最艰苦，野战军司令部的人员都知道，一旦粟裕本人拿着电话机，直接指挥部队，直接命令下面的部队如何动作，那就是战争到了关键时刻，到了生死攸关的决胜时刻。1955 年中国人民解放军首次授衔时，粟裕由于战功赫赫，在大将中排在第一位。

第一野战军的前身就是彭德怀和习仲勋带领的西北野战军，这支部队在人数上虽然不及其他几个野战军壮观，但是，在党中央的直接指挥下，也打得有声有色。西北的几个战役下来，已经使国民党的重点进攻目标之一的陕北，变成了国民党的失败之地。当然西北野战军的一个重要任务是保卫党中央、保卫陕北根据地，拖住国民党胡宗南部队的几十万兵力，配合全国的大形势，相机出击，消灭敌人。陕北的战争基本结束之际，第一野战军在中央的指挥下，挺进西北，收复了新疆，消灭了以马鸿逵、马步芳为首的“马家军”，为中国版图的统一、为西部边疆的安宁做出了不可磨灭的贡献。

抗战初始，共产党的主力部队几乎都在山西和陕北，靠着黄土高原上的沟沟壑壑，依靠这里的群众，依靠“小米加步枪”发展壮大了自己。等到抗战胜利以后，1945 年国共两党在重庆举行了谈判，毛泽东、周恩来率领中共代表团赴重庆与国民党进行和平谈判。谈判期间，蒋介石在自己的官邸宴请毛泽东等中共方面的主要人员，宴请结束走出宴会厅，毛泽东和蒋介石两个人并肩站在门口照了一张照片。这张照片当时发表在重庆的各大报刊上，后来也成为中共党史上的一个重要的资料。照片上，毛泽东气宇轩昂，神情自若，灰色布衣，从神色上已经展示出夺取天下的气势。蒋介石虽然也不想输掉风头，仍然昂首挺胸，军装笔挺，但略输一筹的神情已让有识之士察觉不少。

果然不出毛泽东所料，国共和谈刚刚结束，蒋介石的几百万军队就穷凶极恶地扑向各个解放区。国民党的军政部长陈诚宣称“3 个月至 5 个月内解决共产党解放区问题”。但是事情往往会走向它的反面，3 个月后，气势汹汹的国民党军队不但没有打败共产党，反而是连吃败仗，气得蒋介石不得不换掉陈诚，改由顾祝同来指挥，其实，都是他本人亲自在指挥。可是不到三年，蒋介石的国民党政权已经处于风雨飘摇之中，站立不稳了。从 1948 年冬开始，共产党的部队相继完成了历史上有名的辽沈战役、淮海战役和平津战役，三大战役消灭了几百万国民党军队，国民党在长江以北基本上已经形不成大的攻势了。1949 年 4 月底，解放军打过了长江，国民党吹嘘的“长江天险”的防守计划瞬间土崩瓦解。随后，占领南京，解放上海，解放了长江以南大部分的省份，解放了海南岛。解放军的几路大军横扫了半个中国，最终用很短的时间，取得了解放战争的胜利。国民党军队被强大的解放军赶到了台湾岛上。

前面我们从抗日战争说到了解放战争，从几万人的工农红军说到了后来的几百万之众的解放军，从“小米加步枪”的八路军说到了可以在战场上纵横驰骋的解放大军。这个发展壮大的过程和可歌可泣的历史岁月，是多么令人难忘啊。现在来重温这段历史，现在来参观武乡的八路军太行纪念馆，现在来领略那段战争岁月和一大批老将军、老战士们的风采，依旧令人感到震撼和感动，珍惜如今的岁月吧！这是多少人用生命换来的啊！

临汾尧庙与陶寺遗址

临汾尧庙是国内外规模最大、建筑最宏伟的尧帝庙宇。令人遗憾的是，临汾尧庙在20世纪90年代失了一回火，老建筑被烧得只剩下几根大立柱子。后来，国家又投入资金进行修建，直到20世纪末才完全建好。21世纪初临汾市从促进旅游、扩大旅游市场的需要出发，又投资修建了整个尧庙景区，重新修复了尧庙的几座大殿，把整个尧庙景区修建成了一个阁楼耸立、文化景观汇聚的中华传统文化的“大集市”。

尧都广场北端屹立着三座宫门，中间的是尧门，上首的是舜门，下首的是禹门。从宫门进入宫内，正中大道笔直，两旁的雪松蓊郁挺拔，一走进去就让人感觉到很有历史的纵深感和远古的神秘感、肃穆感。

尧王建都平阳是史学界早有定论的。国内的诸多专家学者，包括考古学家、历史学家，还有物理学家对此都进行过严格、认真的考证，证明尧王建都于平阳。即便是用最严格的物理学测定历史年代的方法，也都明确地认定了尧都的时期，确定了平阳的地位。

在中国社会科学院获得“九五”国家重点科技攻关计划重大科技成果奖的“夏商周断代工程”的结论性报告中，也明确了尧帝在平阳建立都城的史实。

陶寺遗址位于山西省临汾市襄汾县陶寺村南，属中原龙山文化陶寺类型，是探索尧舜禹时代和夏文化的重大考古发现，是实证5000多年中华文明历程的重要支点和基石。

襄汾县陶寺村位于塔儿山西北麓，属黄土高原上典型的丘陵地带，背靠山峦，面向汾河主流。这种地理位置的选择是非常讲究的，离河流不远，方便取水，住的地方还能防止被洪水淹没，应该说是古人类理想的居住地。以前，居住在这里的人们只是发现这里遍地都是碎陶片，偶尔出土一两件较为完整的陶器，按理推论应该是一处古人类活动遗址。1973年，中国社会科学院与山西省文物局共同展开发掘工作。出土的物件，经专家鉴定，属于龙山文化范畴，该遗址被称为“中原龙山文化陶寺类型”。而陶寺遗址正处于黄河中游山西省西南夏地墟的范围内，将出土文物与史料记载等方面联系起来看，陶寺龙山文化时期接近尧舜禹时期、夏文化之始。陶寺出土的文物显示，在四五千年前这一带气候湿润，植被茂密，龙山文化的先民们在这里过着定居的农耕生活。他们种植五谷，饲养牛、羊、猪、狗等家畜，并且已经掌握了一定的建筑技术。遗址中发现大量房基，有的在地面上建设，有的是半地穴式的，还有窑洞，这些不同形式，说明当时这里的人们已经有了可选择的居住方式。同时，在居住地附近还有陶器烧制窑、石灰窑和水井等最初级的生活、生产设施。能凿井取水，说明人类已经可以到离河流较远的地方生活，这也标志着人类在认识自然、改造自然方面迈出了重要的一步。

铜器的出现在人类历史上是具有划时代的里程碑意义的，而陶寺文化晚期证明人类已经进入了铜器和石器并用的时代，这又是人类的一大进步。在这里人类已经初步认识到铜与火、与温度的关联度，人们不仅可以从矿石中冶炼出铜，而且还可以把铜熔化后铸造成不同形状的物品，以供使用。

在陶寺文化中，充分显示出社会产品已经比较丰富，人们已经有了剩余的猎物，而且可以通过驯化饲养延长动物的生命，使人类养殖动物、使用剩余产品成为现实，养殖业的出现使私人占有成为现实，牛、羊、猪等养殖的出现就证明了这一点。

从种植到养殖，从居住方式到生活方式，从社会分工到社会管理，经多方考察和研究，陶寺的龙山文化遗址已经表明，中国当时的社会形态正在从无差别、无等级的原始社会向形成等级差别的奴隶制社会转变，这在当时来说，是人类社会的一个巨大进步。有了等级和差别，对社会的分工和发展就产生了巨大的推动作用，人们就会不懈地追求更无缺失、更有保障、更舒适的生活，追求用别人的劳动来替代自己的劳动，就会产生用强迫的方式让别人代替自己劳作的想法，就会产生出无报偿地占有别人的劳动和劳动剩余成果的愿望和行动。社会等级的出现为阶级社会的发展迈出了最初也是最切实的一步。

从社会形态的发展来说，从原始公社到社会等级的初步出现，是社会生产力有了一定提高的表现，是社会的一种进步。虽然这个时期还没有进入奴隶制社会，但原始公社的那些上层管理者，已经开始利用自己的身份，谋取更多的财物，也就是说，社会已经走入了原始社会末期向奴隶社会过渡的时期。陶寺遗址的发现和发掘，证实了这一点。

在原始社会初期，社会的发展和进步可以说是多方面的，是人们生活、生产所需各个方面的。在对陶寺遗址的发掘中，考古专家们还有一个重大的发现，这就是发掘出观象祭祀台。这个观象祭祀台不但是中国最古老的观象台，而且是世界上最古老的观象台，它比英国的巨石阵观象台早了近500年，陶寺观象台总计12道观测缝，从观测点可观测到冬至—夏至—冬至一个太阳回归年的20个时节。

陶寺观象祭祀台是2003年中国考古专家在陶寺遗址考古发掘中发现的，它由13根柱子组成，呈半圆形，这些柱子以15厘米～20厘米间隙放置，半圆形的半径约10.5米，弧长约19.5米。考古队的专家们在原址复制模型进行模拟观测，发现2号缝为冬至观测缝；7号缝为春分、秋分观测缝；12号缝为夏至观测缝……初步了解了陶寺文化冬至到夏至再到冬至一个回归年的历法规律。

对于这一重大发现，中国社会科学院考古研究所于2005年10月22日—24日在北京举行了“陶寺遗址大型特殊建筑功能及科学意义论证会”。来自中国科学院国家自然科学史研究所、国家天文台、国家授时中心、北京古观象台、北京天文馆、上海交通大学人文学院、南京紫金山天文台、西安美术学院中国艺术与考古研究所等单位的15位天文学家、考古学家，经过认真、反复的辩论和论证，最终基本肯定了该大型建筑为天文观测遗迹。这在我国考古学界、天文学界是具有划时代意义的大事。同时，不少专家也认为，在远古时期，许多同类型遗迹的功能是多方面的，观象台既有测定农时节气、观日、授时的功能，也有祭祀上天和神灵的作用，这些多种功能并存的情况，不仅在远古时期，就是在明清也是不少见的。

这一考古的重大发现，是我国近年来考古学界取得的重大成果，中国的许多新闻媒体都给予了全面的报道，西方国家的诸多科学杂志也给予了充分的报道和介绍，可以想见，整个科学界对此发现的重视。

为了展示这个中国古代文明的重大发现，山西博物院在展厅里也制作了一个同样比例的古观象台，把这个近5000年前观测点的详细观测方法，用实物展示的方法介绍给了我们今天的观众，这一切都受到了媒体和观众的高度关注和热烈欢迎。

我们从尧庙说到了陶寺遗址，现在我们还要回过头来说说尧庙。在尧庙景区，为了促进旅游，又增设了一系列与中华文化有关联的展示内容。

一个是修建了一座华门，正面三门矗立，显示出中国特有的建筑风格。在尧庙广场还修建了一面姓氏墙，在墙上刻有1000多个中华姓氏。宋朝时中国出过《百家姓》：“赵钱孙李，周吴郑王。冯陈褚卫，蒋沈韩杨……”《百家姓》当初受到各方面条件的限制，主要收集了400多个姓氏，这些姓氏是以汉族的姓氏为主。后来，随着中国疆界的扩大，随着民族的增加，随着更多汉族姓氏的被发现，姓氏文化又有了很大发展。

在尧庙广场，还建有高大的华表。华表的原名叫作诽谤木，是尧帝时代设立的，目的是为了表明帝王要博纳众贤、广泛听取民众意见，以便改进朝政不足。华表最初诞生于平阳，也就是现在的临汾，其样式也是尧帝时期设计的。随着朝代的更替、历史的发展，华表也有了新的式样和含义。从式样上说，它周身增加了龙凤式样雕刻，上面横插着云纹花式石板，最上端蹲着一只朝天吼石兽。除了原有的博纳众贤的意思外，还有显示帝王威严、天授皇权的意思。因为这一创立最初出自平阳，而且是尧帝时代，所以在尧庙区域建立华表就是顺理成章的事情了。

耸立的华表还有一层意义，表明这里是这个区域、这个国家的中心或核心，周围的普通民众看见华表似乎就看到了自己的主宰。因为它是创立于几千年前，几千年来一直发挥着这个作用，也就自然而然成了人们的一种共识。实际上，在世界上各个民族的发展中，这种具有标志性的建筑并不鲜见！古埃及的方尖碑就是一例。这种石碑下方上尖，全部用巨型石块刻制镶嵌而成，它是古代埃及国家的象征，在埃及的主要城市的中心都耸立有这种方尖碑。西方国家侵占埃及以后，一些代表埃及权力的方尖碑被运出了埃及。现在，在法国巴黎、美国、土耳其的伊斯坦布尔等世界上的另外一些地方，也耸立着高高的方尖碑。

尧庙广场的立体中华大地形图和姓氏纪念壁，是为了显示中华民族姓氏的多样性和地域的广博，1000 多个不同的姓氏，涵盖了中华大家庭的 56 个民族近 14 亿人口。960 万平方千米的土地，养育了这块土地上的各族人民。所以说，临汾的尧庙广场上的种种建筑，看似杂乱无章，实则每一个都意味深长，相互间都有着很强烈的内在联系，每一个都在昭示着这块土地上生活着的人们，我们从哪里来，我们要走向何方。

自从尧帝建都平阳这个历史文化的重大课题被中国社会科学院的专家学者攻克后，晋南这个地方，在中国历史发展中的地位得到了充分的肯定。尧建都平阳，舜帝是尧的接班人，他的都城会建立在远离尧帝的地方吗？四五千年前，人们出行极其艰难，许多信息都无法传递，许多地方都是人迹罕至。在这种情况下，部落盟主的统治能达到数千里之外吗？他能够把自己的女儿嫁到毫无音讯，甚至于很难再见面的几千里之外吗？我的回答是明确的：不能！完全不可能！

随着生产力水平的提高，随着原始部落一步步的扩张，舜帝建都垣曲就顺理成章了。因为垣曲离尧都平阳不远，是当时人类的正常活动完全可以到达的地方。当尧的部落与舜的部落取得联系以后，尧便把部落里的日常事务交由舜来管理，为了巩固舜的地位，尧把他的两个女儿娥皇和女英都嫁给了舜，这是对舜的地位和权力接续的认可。舜帝在尧王的支持下，扩大部落联盟，同时，积极开疆辟土。若干年后，随着舜帝部落先民扩张的步伐，他们来到了如今的山东，来到了如今的河南……在这一块块新开辟的土地上生养繁育。在没有文字记载的情况下，他们如何保持自己部落的印记，如何使自己的部落区别于其他部落移民？那只有一个途径，就是他们始终牢记，他们来自山西的历山，他们把自己开发的新的地方也叫作历山，把自己居住的地方用上原来的名称，为的是使自己区别于周围的人群，为了纪念自己走出来的那个地方，为了让自己的子孙永世不忘自己是从什么地方来的。这种情况在世界各国均有例证，像美国、加拿大就有一些城市的地名和英国的相同，这些城市的早期移民大部分来自英国，人来了，把地名也带过来了，在美国和加拿大，英语区的人是把英国的一些地名带过来，法语区的人是把法国的一些地名带过来，英国的朴次茅斯和美国的朴次茅斯，英国的伯明翰和美国的伯明翰就是最明显的例证，美洲和欧洲两地相同的地方还有一些。这些先期的移民，不但把自己原来居住地的名称带过来，把自己原来居住地的带有极其强烈的标志性地理特征也带过来，把原来使用过的各种生产工具、生活用具和生产方式，都原模原样地照搬过来，或者照搬原来的方法制作出新的物品。这就是龙山文化在几个不同地域同时出现的缘由，这是最完备、最合理的解释。

为什么会出现多个与尧舜禹都有联系的地方？例如山西有历山、舜王坪，山东济南有历下区。湖南人也称湖南是舜帝的故乡，舜帝的两个妃子就曾经到湖南寻找舜帝，当听说舜帝去世的消息后，泪洒青竹，形成竹子上的斑斑点点。“斑竹一枝千滴泪，红霞万朵百重衣。”毛泽东的诗句就是以此为典故而作的。总之，全国有许许多多的人，都声称自己居住的地方与先古舜帝有着千丝万缕的联系。我个人认为，与先古舜帝有联系的地方多并不是坏事，而是好事。全国仅历山就有十多处，都在寻找与舜帝的联系，这说明这些地方的远古移民，大多数是来自舜帝的部落或者相邻的部落。大家都是同一个部落或者是同一个民族，都是同一个民族大家庭的成员，至于要分哪里是真的，哪里是假的，或者谁是原先的，谁是后来的，就完全没有必要，也根本做不到！实践证明，现今已经没有任何客观的存在，可以用来分析、用来证明、用来维持这些人的主观想象。大家都是尧舜禹的后代，都是中华民族的后人，都有责任联起手来，共同创造中华民族美好的未来。

在没有文字记载的条件下，对这些历史上的遗存和疑问，我的这个解释应该是有道理的。在一次专题论证会上，上述观点得到了专家们的充分肯定。

◆ 尧庙广场

◆ 盂县藏山

盂县藏山与《赵氏孤儿》

盂县位于太行山西麓，阳泉市北面，这里山势雄伟，山高沟深，悬崖峭壁，林木繁茂，是个旅游的好地方。在这些沟沟棱棱之间，有不少小得可怜的山间小平川，山里的老百姓就在这些小平川上种庄稼，春种秋收，艰难度日。

盂县藏山得名于春秋时期晋国程婴藏匿赵氏孤儿于此，并且陪伴赵氏孤儿在此地度过了他人生最初的18年。在这里，我们可以了解到这个故事的全部。春秋时期，晋国大臣赵盾屡建功勋，声望日盛，这就遭到了奸臣屠岸贾的妒忌。他设计陷害赵盾，并利用昏君的错误决定将赵盾一家满门抄斩，在屠岸贾奉命杀戮赵氏一族之际，已怀有身孕的赵家儿媳庄姬，逃回宫中娘家躲避，生下了赵武。在屠岸贾派人四处查找追杀之际，赵家门客程婴假冒郎中进宫，把出生几天的赵盾之子赵武装进药篓子带出宫外，将自己的亲生儿子假冒赵氏孤儿，交给了屠岸贾，结果尚在襁褓之中的程婴亲子被屠岸贾扔下了万丈悬崖。程婴保护着赵武，一路上想方设法躲避屠岸贾的追杀，躲进了盂山，在此一躲就是 18 年，保住了赵家这唯一的根苗。程婴抚养赵武长大，教他学习文化、武艺，掌握各种生存技能。赵武成人后，终于为赵氏一族冤案昭雪，杀了大奸臣屠岸贾，还了赵氏一族清白。程婴救赵的这一历史故事，体现了中华民族一直尊崇的忠义精神，而盂山也因藏匿了赵氏孤儿而得名藏山，成为后人游览拜谒的名山。

在屠岸贾查抄赵氏孤儿的过程中，有两点是不容忽视的：一个是屠岸贾为了灭杀赵家以绝后患，当他得知庄姬生有一子时，下令杀死晋国境内一个月以内的所有男婴；二是在屠岸贾的淫威下，程婴为了保护赵氏孤儿，让别的婴儿不再受到连累，不得不把自己出生尚未满月的儿子假冒赵盾的儿子交了出来，这个婴儿被屠岸贾残忍地扔下了悬崖。为保护赵氏孤儿、为保护大众而牺牲自己爱子的程婴，成为后世推崇的典范。

盂县藏山，就是程婴藏匿、养育赵氏孤儿的地方。为了一份承诺，程婴不但付出了儿子，而且付出了 18 年的光阴，最终付出了一切。但他获得了整个民族的赞美和永恒的纪念，藏山也因此成为中华民族彰显忠义精神的圣地。赵氏孤儿的故事一直在人们的口头流传，后来又成为戏曲舞台上的经典，从有着千年历史、被称为戏剧史上“活化石”的临猗锣鼓杂戏到后来的各种传统戏曲，都把赵氏孤儿的故事反复翻唱。而这种反复翻唱一直深受各地群众的欢迎。广大观众跟着台上的演员一起唱，一起喜怒哀乐，一起欢呼最后赵氏的平反昭雪和正义事业的胜利，一起分享诛杀大奸臣屠岸贾的快乐与兴奋。

赵氏孤儿的故事和戏曲流传至今，时间一点都没有减弱它的魅力。我在这里要插一段题外话。进入 21 世纪，国家文化部、财政部共同实施舞台艺术精品工程，每年从全国的数千部舞台演出的新剧目中评选出一些精品作为获奖作品，这种评选活动已经连续举办了多年，一共评选出了多部精品剧目。这些舞台作品个个都是各地院团的力作，也都是深受广大观众欢迎的佳作。我们山西话剧院的《立秋》就是这些受表彰的作品之一。在这些佳作中，河南省豫剧二团演出的《程婴救孤》成了专家们赞扬的重点。看过这部戏的专家们一致认为，这部戏是近年来少见的精品，专家们给出的评语是："近乎完美！""近乎完美"啊！一个穿越千年的故事，重新演绎后能够得到这么高的评价，可见河南省豫剧院的实力，更可见剧本《赵氏孤儿》在中国文化艺术界的影响力。

藏山山高林密，处于太行山的中段，藏孤洞深藏于群山之中，从远处丝毫看不出这个洞的特殊之处。在藏孤洞的洞口，有一处滴水泉，终日泉水滴答不止，遇上阴雨天，滴出的水会更多，这就保证了水源。再加上山中有不少可以耕种的土地，虽然地块大大小小，非常不均匀，但种上庄稼，也完全可以解决少数人的日常温饱问题。这两个问题的解决，就让隐藏在山里的人可以不受饥寒之苦。人的生活条件有了基本的保证，再加上程婴有着培养赵氏孤儿、彻底铲除屠岸贾的坚强信念，赵氏孤儿才得以不辱使命，成功复仇。

千百年来，赵氏孤儿的故事一直在中华大地上口口相传，除此之外，见诸文字记载的也很多。《史记》是中国第一部纪传体通史，是由太史公司马迁精心选择各个历史时期的典型人物和典型故事撰写而成的。据《史记》记载，公元前597年，晋国司寇屠岸贾捏造罪名，嫁祸于上卿赵盾，致使赵家遭满门抄斩。唯赵盾之孙赵武在门客程婴的舍子相救下得以幸存，后潜藏于盂山之中，在此隐藏了十几个春秋。赵盾家族的劫难被司马迁写入《史记》，太史公同情赵盾家族、鞭挞屠岸贾阴谋诡计的态度也非常明朗，司马迁是用他的文字把这一事件告诉后人，让后人从史实中铭记、思考。从历史的角度看，赵氏孤儿的故事应该是一个真实的故事，历朝历代的文学家、戏剧家只是把这一段历史形象化地还原于文字中，还原于舞台上，让这段历史永久性地保留在中华民族的记忆中。

纪君祥是元代戏曲大师，由他编剧的《赵氏孤儿》千百年来一直在舞台上演出，屠岸贾这一心狠手辣的奸臣形象，也一直是人民群众从心底鞭挞的对象，人们从戏曲舞台联想到自己生活的环境，不断地教育着自己的子女，要时时刻刻警惕自己身边屠岸贾似的人物，要正直、善良、勇敢和团结。

赵氏孤儿的故事在中国流传了2600多年，改编成的戏曲也在中国的舞台上唱了几百年。这个故事歌颂忠义，鞭挞奸佞，揭露阴谋。这个故事是真实的，在民众中产生了巨大的影响，尤其是程婴在被逼无奈的情况下，交出了自己的亲生儿子，使他夫妻二人始终都生活在丧子的痛苦之中，这种失子之痛是平常人难以体会到的。几年前，中央电视台播出了新拍摄的电视连续剧《赵氏孤儿案》，程婴由著名男演员吴秀波出演，程婴妻由著名女演员练束梅出演，他们这对夫妻笨嘴笨舌，说话缓慢，表情呆滞木讷，处处让人一步，时时警觉三分，他们所做的一切，都是为了保守住赵氏孤儿这个秘密，都是为了自己大半生的心愿，最后两位老人在完成心愿后服毒自尽，去天国寻找自己的亲生儿子去了。两位艺术家的表演，令观众叫绝，更令人心里非常难受。观众的直接感受就是：多么好的人，多么诚实可爱的老人。当然，这似乎达到了导演和主要演员的追求，让观众感觉到2600多年前，主人公与周边关系的超时空和谐。

更令人深思和称道的是，这一历史故事也产生了不小的国际影响。法国启蒙运动的领袖，文学家、思想家伏尔泰，根据中国的这一历史事件，创作了一部叫作《中国孤儿》的戏剧。启蒙运动是欧洲文艺复兴的继续，是为资产阶级革命做舆论准备的。在西方这个伟大的运动中，中国的历史故事成为主导者的利器，这不得不让我们刮目相看。正义战胜邪恶是戏剧《中国孤儿》的核心，伏尔泰看重的正是这一点。由此可见，正义战胜邪恶，是人类的共同心愿，剧本《赵氏孤儿》正是这一共同认知的代表作。因而，剧本《赵氏孤儿》不但在中国，就是在全世界也是受人欢迎的好作品。

玄中寺与卦山

玄中寺和卦山都在山西省吕梁市的交城县，这个县在山西省中部、太原盆地西缘、汾河支流文峪河上游，是一个非常有特点的县。

我们先说说玄中寺，玄中寺位于山西省交城县西北 10 千米的石壁山上，山下是大片大片的庄稼地和一览无余的平川，山上松柏森森。在苍松巨柏间隐隐约约可以看见一处红墙绿瓦，听到木鱼声声，再往松柏林深处走，一座苍劲古朴的寺庙就映入眼帘。

玄中寺又称石壁寺，是中国佛教净土宗的一个祖庭，也是日本佛教净土宗和净土真宗的祖庭。1983 年，玄中寺被国务院列为“汉族地区佛教全国重点寺院”，并给予重点保护。

玄中寺建于北魏延兴二年（472 年），距今已有 1500 多年的历史了。

北魏时期，高僧昙鸾晚年驻锡玄中寺，宣传净土宗要义，很多人皈依该宗。昙鸾在寺中讲经，讲述西方阿弥陀佛极乐净土无限美妙庄严，劝导信徒生善心、修行、持戒，或思念阿弥陀佛，或口颂阿弥陀佛，即可灭罪消灾，死后往生极乐净土。

隋末唐初，名僧道绰住持玄中寺，寺庙再度兴盛。道绰是昙鸾净土宗教义的继承者，住持玄中寺后，即以玄中寺为中心，大力传播净土宗要义，提倡掐珠念佛。他在玄中寺为信众开讲《观无量寿经》数百场，听者众多，每当讲经散席，大众皆欢喜赞叹，念佛之声响彻山林沟谷。贞观九年（635 年），唐太宗李世民以其天子之尊亲临瞻礼，拨款重修寺庙，亲赐名“石壁永宁寺”。贞观十九年（645 年），道绰在玄中寺圆寂。

贞观十五年（641 年），善导到玄中寺拜道绰为师，听讲《观无量寿经》。道绰圆寂后，善导是净土宗一派最权威的长老，善导不仅在玄中寺宣讲净土宗教义，而且多次回长安传播净土宗教义，使净土宗在当时长安城扩大了信仰僧众的人数。由于善导的极力宣传，后日本遣唐僧人把净土宗带回日本，时至今日，日本净土宗一直尊善导为其净土宗创始人。

元太宗窝阔台十年（1238 年），元太宗赐玄中寺为“龙山护国永宁十方大玄中禅寺”，此后，数百年来，便统称玄中寺。在住持惠信的引领下，重兴寺院，广播善法，复兴臻达极巅，名声远扬，无以复加。

从明朝到清朝的几百年间，玄中寺随王朝兴衰而起起落落。玄中寺现存的建筑，大多是明朝以后修建的。中华人民共和国成立以后，国家也没有减少对玄中寺的建设，而是继续投入巨资进行修建。尤其是 20 世纪 60 年代日本净土宗派出拜谒参观团以后，重新确认了和玄中寺的关系，国家高层领导就一直在关注玄中寺，关注这里的每一点变化。现在的玄中寺，庙宇辉煌，楼阁雄伟，清泉翠柏，竹影簌簌，正如玄中寺大殿前联曰：

梵境入幽玄，端坐莲台，妙法千秋光禹甸；

慈云遍广宇，流传中土，风涛万里到扶桑。

走进玄中寺，在中轴线上由南到北依次分布着天王殿、大雄宝殿、七佛殿和千佛殿，它们从低到高，错落有致，与山势、森林融为一体。

在大雄宝殿西侧的院内，有祖师堂，堂内正面悬挂着昙鸾、道绰、善导三位法师的画像。这三幅画像是 1957 年 9 月 18 日日本菅原惠庆长老与高阶珑山为首的佛教访问团参观玄中寺时所赠，是由日本净土宗最大的几个寺院分别绘制的，表达的是日本净土宗对中国净土宗的溯源归祖之意。佛龛前悬挂着一对形制精美的幢幡，这是 1980 年日本净土宗为纪念善导大师圆寂 1300 年来华参拜祖庭时的赠礼。

净土宗信徒在日本 8000 多万佛教信徒中有 4700 多万，占到日本佛教信徒总人数的半数以上。净土宗应该是日本的第一大佛教宗派，在各方面都占有绝对的优势。净土宗从中国传入日本是在淳熙二年（1175 年）。在日本，净土宗和净土真宗都把玄中寺视为祖庭，凡是这两个教派的佛教弟子来中国参观访问，都要到玄中寺来进香，认祖归宗，顶礼膜拜。

菅原长老一生八次到玄中寺拜谒祖庭，并用“玄中寺”三个字分别为他的三个孙女命名。菅原长老圆寂后认祖归宗玄中寺，他的墓塔和玄中寺原住持象离和尚的墓塔都建在寺院东侧的山坡上。

在交城县还有卦山风景区和天宁寺。卦山以其地形地貌与文王八卦太极图形相像而得名，突出的山峰象征阳爻“—”，低凹的山谷表示阴爻“--”，整个山形组合构成乾卦和坎卦，令人称奇。在游卦山途中，当游客走过一座刻有“登彼岸”的石牌楼后，就要走上 66 级台阶。这 66 级台阶，第一级台阶代表阳爻“—”，最后一级台阶代表阴爻“--”，中间的 64 级台阶，各代表周易 64 卦中的一个，卦名是乾、坤、屯、蒙、需……64 级台阶的设计者匠心独具，使人们从踏上卦山的第一步始，就进入到了古代八卦的神秘氛围中。

要知道，这 66 级台阶是在顺治十一年（1654 年）由当时天宁寺的住持慧兴法师修建的。这种智慧的设计充分展示了卦山的核心文化要素，展示了天宁寺的文化分量。

说到山西省交城县，我们不能不提华国锋和新修的“华陵”。华国锋原名苏铸，1921 年出生于山西省交城县，1938 年投身抗日游击队。抗战中，苏铸从“中华抗日救国先锋队”中取了三个字，组成了自己的名字——华国锋。1949 年之前，华国锋都在山西工作，他历任中共交城县委书记、晋绥八地委组织部副部长、阳曲县委书记等职。华国锋出生在山西，28 岁以前一直在山西工作，从来没有离开过这块生他养他的黄土地，所以，华国锋讲话时总是带有浓重的山西口音。

1949 年，中华人民共和国成立在即，中央决定从以前的老根据地抽调一大批干部随解放军的部队一起行动，对新的解放区进行建设和管理。当时山西抽调的干部大部分负责云南、四川、福建、湖南等地的工作。华国锋到了湖南并且留在了那里。

华国锋到湖南后不久就担任了湘潭市的地委书记，成了毛泽东家乡的父母官。华国锋一生工作踏实、认真，这一点在同事中是公认的。山西人的忠厚、善良最终成就了华国锋。

华国锋对我们党、对我们国家最大的贡献无疑是对“四人帮”的抓捕。而这一点正是华国锋同志最值得人们纪念的，党和人民永远不会忘记他做出的这一项重要贡献。

1980年之后，华国锋不再兼任国务院总理职务；1981年6月，在党的十一届六中全会上，他又辞去了中共中央主席、中央军委主席职务。2013年中共中央、国务院举行春节团拜会，华国锋夫人韩芝俊应邀参加。

在山西交城县西北面，在有名的卦山脚下，修建有“华陵”。陵墓坐北朝南，正面是大几十个台阶，往上走，就见到华国锋陵墓的墓碑。它是一个大写的汉语拼音字母“H”的造型，在“H”中间的一横上书写着“华国锋之墓”几个字。陵墓台阶下是一个广场，广场正面是一大片湖水和湖水边上老百姓们种的苹果、香梨、鲜桃、石榴等各种果树。广场两边各有一个院子，里面展示了华国锋同志的生平和全国各地人民对华国锋同志的纪念。

介休绵山

从古到今，山西境内有多个绵山，介休有绵山，临汾有绵山，阳泉也有绵山，著名的娘子关就是当地绵山山麓的一个重要关口。

我认为之所以有这么多的绵山，是因为早期人类对大自然的认知能力有限，把绵延不断的山脉简单地称为绵山，与万荣人把一座单独的山峰称为“孤山”是同一个道理。

介休绵山因战国时期的介子推而得名。在山西境内，与介子推相关联的地方比比皆是。山西人以忠厚、老实著称，对自己的祖先里的忠诚、善良之辈也倾心热爱，宣扬甚广，永久纪念。

绵山风景区是山西的一个老的风景区。1995 年，当地大居士阎吉英先生投入巨资对绵山进行扩建、修复、完善，使得绵山风景区成了山西境内旅游设施最好的一个景区。如今，每年都有数百万游客游览绵山风景区。

绵山的第一风景区是水涛沟自然风景区。北魏郦道元《水经注》云：“水出界休县之绵山，北流经石桐寺西。”说的就是这条绵山石桐水。它发源于距此20千米的马跑泉，而马跑泉因唐代名将尉迟恭的马刨出泉水而得名。水涛沟里泉水叮咚，清流潺潺，而且大大小小的瀑布散落在水涛沟里，令游客目不暇接，流连忘返。如今，水涛沟里的游览线路非常有地方特色，围绕着水涛沟，10多千米的路程，光各式各样的桥就有许多种，什么藤蔓桥、单孔桥、独木桥、网围桥……可以说是应有尽有。同时，水涛沟里还有几十处景观，应该说是一处非常出色的风景区。

龙头寺景区在整个绵山大风景区的最前端，地处高好几百米的悬崖峭壁上。绵山大风景区是建设在太岳山的边缘地带，这里的绝大多数沟壑都呈南北走向，站在龙头寺可以看到太岳山北面平川地区的景色，从南到北贯穿山西的同蒲铁路、大运高铁、大运高速公路以及原来的太茅公路都尽收眼底。太茅公路（从太原到平陆县的茅津渡）修建得较早，是当时山西省境内一条主要的交通要道。抗日战争时期，太岳山和对面的吕梁山都是八路军的根据地，但中间的南同蒲铁路、太茅公路和汾河都是日军的占领区。白天这里是日军的天下，一到夜晚，八路军和游击队就纷纷出动，袭扰日军，护送伤病员，抢收粮食。日军则钻进炮楼里，轻易不敢出来。

从龙头寺景区再往里走，就会相继到达龙脊岭景区、蜂房泉景区、大罗宫景区、天桥景区和云峰寺景区。这里一个景区连着一个景区，真是令人目不暇接、流连忘返。

大罗宫景区里最值得一看的是大罗宫殿，整个大罗宫殿高110米，共分13层，建筑总面积3万余平方米。整个建筑巧妙地把现代艺术风格与明清艺术风格融为一体，群楼高耸，崇阁巍峨，雕梁画栋，富丽堂皇。尤其是最上面一层，四面宫墙上满满当当地挂着老子的《道德经》木刻，真、草、隶、篆，洋洋洒洒。这部木刻的《道德经》全文由国内最高水平的书法家们书写，他们每人抄录一段，各展所长，共添盛事。这些都是全国各地的顶级书法家，其中就有赵朴初、董寿平这样的书画大家，堪称是书法艺术大展示。

云峰寺景区是绵山的核心景区之一，整个山头在这里形成一个特大的凹形结构，半山腰中间凹进去，而且凹得奇特，凹进去的这一块可以建设几座寺庙，大几千人甚至上万人在此聚会、游览都不会感觉拥挤。如果是下雨天，还可以保证在此聚会的人不被雨淋到。

绵山是儒、释、道三教共享之地。山西许多地方都是这种三教共享的场所，且这些共享的地方大多处于名山之中。在这些空间比较局促、地势比较险峻的地方，三教九流就相互包容，大家共处一室，相安无事。就像应县的悬空寺，建在一块凸出的陡壁上，而且是三教共处一处，孔子、佛祖、老子共坐一堂，共享一炉香火。这样雨雪淋不着，风霜侵有限，对古代建筑的保护是绝对好的。由此可见，古代儒、释、道三教并不敌对，而是因地制宜，宜分则分，宜合则合，宜大则大，宜小则小，绝不拘泥，绝不死搬硬套。

包骨真身像在藏传佛教寺庙里比较多见，在中国汉族地区的佛教寺庙里还真不多见。但云峰寺里有一尊包骨真身像，这尊包骨真身像是唐朝时期的，而且是在真正的汉族地区，这比较奇特、比较少见，也比较引人注意。这是一个名叫田志超的和尚，他在此长期修行传教，圆寂后被重塑金身，永留于此供人们瞻仰，享受这里的永世香火。大唐时期佛教比较兴旺，唐僧就是在这个时候被皇帝派往西天取经的，他带回来好多部经书，翻译出来后供国人供奉颂唱。云峰寺的住持也是在这个时期圆寂后被塑成金身，供后世瞻仰膜拜的。

介休这个地方，总给我一种感觉，似乎人们对道教比佛教更看重一些。绵山上的大罗宫那一大片建筑就修建得高大雄伟。在介休县城中还有一个在山西全省都可以称为最大、最全的道教教观——介休后土庙，这是一个全国重点文物保护单位，是一处全真教道观古建筑群，占地 1 万多平方米，建有三清观、三官祠、真武庙、娘娘殿、吕祖阁、关帝庙、土神庙、九耀星君殿、三曹考校殿等，几乎包罗了道教建筑的所有内容。这里不但道教的建筑全，而且多年来香火不断，每逢节假日游人熙熙攘攘，朝拜的人也很多。所以我感觉这个地方的普通百姓似乎更看重道教一些。

整个绵山风景区的开发实际上是由一家民营企业承担的。介休县的居士阎吉英开过煤矿，炼过焦炭，还在冶炼、洗矿领域有所发展，但他对自己老家的绵山一直情感深厚。前后十几年，他共投入资金十五六亿元，对整个绵山风景区进行开发建设、经营管理，包括外围修路，把整个绵山风景区建设成了吃、住、行、游、玩、购等一条龙服务的著名风景区。

出生于介休市义安镇义安村的阎吉英原来是个村干部，后来义安镇大力发展各类产业，义安村就地发展优势产业，挖煤炼焦。在阎吉英的领导下，义安村的煤化工产业红红火火。随着产业的不断发展壮大，山西的“焦炭大王”阎吉英走上了发展旅游业的道路。旅游业前期投入较大，投资回收相对缓慢一些，但民营资金运转就完全不一样。整个绵山风景区基础设施建设所需的材料、日常消费品，绝大部分是阎吉英自己的企业或者相关企业生产的，例如钢筋、水泥等大批建筑材料，酒店里的被子、被套、床单、矿泉水、蔬菜和水果等大量消费用品，这样做下来，虽然整个绵山开发前期投入巨大，但在后期真金白银地往外掏钱就是有限和可控的了。为了缓解旅游旺季上绵山的交通问题，绵山风景区还修建了专门的旅游公路，使上绵山度假、休闲成为各地游客们的一种享受。每年的旅游旺季，整个绵山上的七八个星级宾馆可以容纳3000多游客。这些酒店中，既有五星级的高档酒店，也有三四星级的普通酒店，为游客提供各种档次的服务，提供各种各样富有地方特色的饮食，不出山门，就可以让人们个个游玩得尽情尽兴。

现在，旅游正在由过去单纯的观光游变为集观光、健身、休闲、体验、享受美食、尽情放松为一体的综合性旅游。人们的需求是多方位的，人们的享受也是多方位的，绵山正在向这种旅游的新方向全力发展。

绵山的旅游产业越做越大，现在，每年绵山风景区还要举办与寒食节相关联的各种文化、商务活动。寒食节比清明节早两天，是用来纪念介子推的，始于春秋战国时期的周襄王十六年（前636年），清明节是起源于周赧王十六年（前 299 年），两者相差 300 多年。到了大唐初期，李世民让把这两个相差两天的纪念活动合在一起。从此以后，中国人才有了清明节祭祖这个习俗。当然，有些地方还在过着寒食节。山西介休的绵山每年一到寒食节都要举行各种活动，以便更好地纪念介子推。

每年寒食节前后，绵山风景区管委会都会邀请全国各地乃至世界华人圈里的名流、学者和专家，来这里参加各类研讨会，更深入地挖掘我们中华民族历史上祭祀介子推的意义。绵山风景区管委会还向国家有关部门提出专门申请，申请绵山成为寒食节的永久性保护地，每年都在保护地举行活动，展示保护地的特殊存在。每年，这里都会安排各种各样的文化艺术活动和旅游商品推介会，吸引全国各地大的旅游商品生产商、销售商前来参加。在这个时期，各种演出、展览等文化活动是必不可少的，绵山风景区管委会为此还编著了不少图书、画册，大范围地宣传绵山。

实事求是地说，介休绵山风景区管委会为宣传寒食节做了大量的工作，绵山成为寒食节的永久性保护地也是应该的，是名副其实的。

皇城相府与陈廷敬

山西省晋城市的阳城县是个地理位置非常特殊的县，阳城县的皇城相府是个非常有个性的景区。太行山由北往南，横亘在山西省与河北省之间，山西省最南端的中条山由西南向东北，与黄河并行一段路程，与太行山南端携手，而阳城县就坐落在太行山与中条山的交会处。这里既有北方的粗犷，又有江南的秀美，山光水色中，很多历史故事在这里流传。嫘祖教民养蚕、后稷教民稼穑、炎帝播种五谷、尧舜亲政爱民、大禹治水、女娲补天、精卫填海、愚公移山等传说都与这方土地有关。

而阳城久负盛名的旅游景区便是皇城相府，皇城相府昔日的主人叫陈廷敬。陈廷敬（1639—1712）生活的年代正当清朝初期，国内的民族矛盾正逐渐趋于缓和，清朝的统治正在趋于稳定，国家的政治、经济正在逐步走向恢复和平稳，这就为陈廷敬为官从政提供了一个机遇。陈廷敬作为具有开明思想和忧国忧民意识的官员，在那个时代是非常少见的。他十分重视对人才的培养，注重对贤臣的举荐。通过科举考试进入封建王朝最高权力阶层的陈廷敬，对经学、理学多有研究，他竭力主张“国家收实效之学”，以“经世济民”“明经致用”。他认为研究经书是为了根据书中的理论解决社会存在的各种矛盾和问题，最终的目标是使国家强盛、社会稳定、人民富足。

陈廷敬为官勤政廉明，他崇尚节俭，奉公守法，严格自律，以“性尚含容”且从严治吏而著名。在清廷所设的吏、户、工、刑、礼、兵等六部中，除兵部外，陈廷敬均在其间工作过，并任最高行政长官尚书一职。直到擢升文渊阁大学士，登上宰相高位，成为康熙王朝的宰辅重臣。在位期间，他始终保持着山西人的节俭和山里人的执着，不徇情，不枉法，不结党，不营私，身居高位并不傲视部属，在朝中能与各部朝官和衷共事，为同僚们所称道。

陈廷敬入仕初期的官职，主要是内弘文院侍读、翰林院侍读、翰林院侍讲学士、翰林院管院学士等，这些职务不掌实权，不过是个教师而已。但身为教师所教的不是普通学生，而是爱新觉罗·玄烨，也就是康熙皇帝。康熙皇帝是清朝最具雄才大略的一代英主，是中国少数民族皇帝中最杰出的代表。学生超凡脱俗，是至圣明君，反证了老师绝非庸才。陈廷敬与康熙皇帝相差 15 岁，这一长一少、一师一徒、一汉一满、一臣一君，两个忘年之交，在共同为之奋斗的事业上各显才华，分别以一代名臣和千古一帝而载入史册，传诸后世。

陈廷敬比康熙年长 15 岁，这个出生于太行山的山西人，在他 23 岁时参加了 8 岁小皇帝康熙的登基大典。那个时候，朝政由首辅顾命大臣鳌拜专擅，陈廷敬在忠心辅佐小皇帝的时候，也时不时向小皇帝灌输历史上同类情况的例子，并在康熙 16 岁时，协助这个少年皇帝清除了鳌拜及其同党，成为康熙皇帝的股肱之臣。康熙十二年（1673 年），吴三桂发动“三

◆ 清代名相陈廷敬

◆ 皇城相府

藩之乱”，作为文渊阁大学士，陈廷敬参与了平定叛乱的工作，并为康熙皇帝出了不少好主意。

康熙王朝的规矩是官员不搞终身制，到了一定年限便可退休告老还乡，但陈廷敬是个例外，他一直干到73岁终老在任上。他学识渊博且为官正直，康熙经常和他切磋学问，谈心聊天，交流思想，共商朝政大事，这在清朝是极其少见的，也是皇帝对非常信任的爱臣的一种恩宠。陈廷敬一生荣获28次升迁，真正是一个“主知清德，帝谓完人”的封建高官典范。

皇城相府的超规制建筑群，里面悬挂的“午亭山村”巨幅匾额，就是康熙皇帝对陈廷敬毕生奉献的奖赏。

皇城相府四周的围墙建设得高大雄伟，内外城墙总长780多米，城墙平均高12米，城墙厚2.5米至3米。城墙顶部遍置垛口，重要部位还建有堞楼、角楼，城门楼居高临下。在皇城相府的中心位置，还建有一座四层楼房高的河山楼，河山楼接地一层，也就是六米以下不设窗户，站在最上面一层可以一览无遗地瞭望到后山的情况。这座河山楼平常日子用于瞭望四周的情况，关键时刻一家人全部可以躲进去，以免遭到不测。皇城相府还建有自养卫队，时时查验进出城堡的各种人的身份家世，夜间负责巡防，以保证整个城堡的安全。这种设置，中国古代有钱人家比比皆是，他们为了防止土匪的侵袭，不得不自行建立这种防卫体系。像陈氏家族这种在大山里的官宦人家，更得时时提防，处处小心。

阳城历史上还有一个很有名的官员，他的名字叫王国光，是明朝的一个大臣，也是明朝宰相张居正实施改革的重要支持者和实际运作者。王国光是阳城南阳村人，明朝万历初期的政治人物，历经世宗、穆宗、神宗三帝，从事政治活动达四十余年，对明王朝的“万历中兴”起到了积极的推动作用。王国光在任期间，宫廷争斗非常激烈。张居正主持朝政时，王国光权力很大；张居正去世后，他被反对派弹劾而解职，回家闲居。此人一生为官几起几落，虽从仕四十余年，但真正发挥作用，施展才华的时间也就是张居正实行改革的十余年。他参与编写的《万历会计录》是大学士张居正推行“一条鞭”法改革税赋制度的理论依据，为明清两代田赋制度的实施奠定了基础。因为他曾任吏部尚书，故有“天官”之称，王国光故居被后人称为“天官王府”。万历二十二年（1594 年），王国光离开了这个他爱过也恨过的世界，留下了证明他雄才大略的《万历会计录》和一大批诗词。

王国光的行事作风比较强硬，他对一系列不合时宜的旧制度、旧秩序大刀阔斧地进行改革，裁撤合并，雷厉风行。他要求所有官员入署办公，各司其职，繁文缛节，尽行删除，极大地提高了各级衙门的办事能力和工作效率。从总体上看，这些举措是有利于社会发展的，有利于老百姓的生产、生活的。但是这样做，也毫不留情地损害了一部分保守势力的利益，因而王国光最终成了改革的牺牲品，这也是历史的悲剧。

在阳城除了这些历史上有名的政治人物外，还有一种现在已经鲜为人知的农耕用品——犁镜。

铁范铸造是中国冶铸技术的一项重大发明创造，比欧洲要早 1800 多年。从战国到汉魏时期，铁范被广泛用于农具、兵器和手工工具制造，以其生产率高、产品经久耐用、产品规格齐整而著称于世，对社会经济的发展起到了积极的推动作用，阳城犁镜就是最典型的例子。阳城犁镜具有两个特点，一是品质好，犁镜表面光滑耐磨，不粘泥，不生锈，不掉屑，不裂变，能够长期使用；二是品种多样，有桃叶、杏叶、鹰嘴、驴脸、纱帽、瓜皮等上百种样式，能够满足各种土质、各种形状水田旱地的需求。在明清时期，阳城犁镜是阳城地区最重要、最畅销的产品，除了供应国内市场外，还远销到日本、朝鲜、越南、菲律宾、尼泊尔等国，尤其在东南亚种水稻的地方，它是当地最受欢迎的商品。

阳城犁镜是那个时代不容忽视的畅销品，许多农家都把买下的犁镜作为女儿的嫁妆，为的是日后女儿到了婆家能够认真劳作，好好过日子。

阳城犁镜在这里生产，并且畅销国内外数百年之久，成为明清两代有代表性的产品，有两点是不容忽视的：一是这里有优质的铁矿石，铁矿石来自附近的“窝子矿”，含铁量在 50% 以上，硫、磷含量很低。矿石入炉前经过认真的破碎、筛选和烧结。二是铁水烧炼用的是由当地最好的青冈木制成的木炭，阳城大山里面有很多青冈木，这种木材非常坚硬，它不适合做家具，但适合烧制木炭，而且烧制时讲究“三茬七炭”，即七成为炭，三成仍为木茬，目的在于提高木炭的燃烧温度，增强火力的持续性。这样，铁水温度可控制在1300℃以上，保证了铁的质量，这就是阳城犁镜畅销数百年不衰的关键所在。

随着社会发展和现代炼铁技术的应用，传统的手工业为现代工业所取代。鸦片战争以后，西方的现代冶炼技术逐步传入我国，钢铁的冶炼走上了现代化的道路，阳城传统的冶炼术因落后而逐渐消亡。20 世纪 80 年代末，在阳城县的蟒河地区，高炉正在喷烟，炉膛里铁水已烧红，正在等待浇铸，旁边有多台摄像机正在跟随拍摄，这是中央新闻纪录电影制片厂和日本的一家专门研究机构正在现场拍摄，他们是为了记录下这个渐行渐远的传统农具的铸造技艺，以便在多少年、多少代后供人们观瞻。现在，阳城犁镜的生产技艺“阳城生铁冶铸技艺”已被列入我国非物质文化遗产名录。阳城犁镜仍在熠熠发光，闪耀着中华民族数千年来智慧的光芒。

鹳雀楼　秋风楼　飞云楼

鹳雀楼位于山西省永济市蒲州古城西面的黄河边上，因有成群的鹳雀栖身楼上，且常常围绕着古楼飞翔而得名。它与湖北省武汉市长江边上的黄鹤楼、湖南省洞庭湖边上的岳阳楼、江西省南昌市赣江边上的滕王阁并称为我国古代四大历史文化名楼。

鹳雀楼始建于北周时期（557—581年），是北周大冢宰宇文护镇守黄河时所建。楼体壮观，高台重檐，且有山河之胜。前瞻中条，俯瞰大河；登楼望远，天下尽收。当初修建鹳雀楼是因为守河大军需要随时了解敌我双方的军情，遂选择了黄河岸边这最佳一处，修建了这座举世闻名的高楼。后来，随着形势的变化，这座用于瞭望的高楼的军事作用逐步减弱、消失了。不少名人雅士慕名而来，登楼远望，展怀抒情，留下了许多不朽名篇。如《登鹳雀楼》：

白日依山尽，
黄河入海流。
欲穷千里目，
更上一层楼。

唐代著名诗人王之涣的这篇旷世绝唱，千年来无出其右者。

王之涣祖籍晋阳，也就是现在的太原市，因其高祖王隆之任北魏绛州刺史，全家人随任在外，故为唐绛州人。王之涣与王昌龄、高适都是唐初著名诗人，诗名早于李白、杜甫，故对后代诗人颇有影响。

我个人认为，鹳雀楼修建距今已有1400多年的历史了，从隋唐至宋元，近700多年间，历代文人赋诗撰文，几百年来名作胜出，为四大名楼之首。鹳雀楼因修建在黄河上唯一一座浮桥——蒲津渡浮桥附近，因而也是历史上的游览胜地。文人墨客自不必说，就是普通的行路之人，登楼远望一番，也会感慨良多。可惜的是到了元代，一世名楼毁于战火之中，令人惋惜。

关于鹳雀楼的建筑形制，北宋科学家沈括在《梦溪笔谈》中记载："河中府鹳雀楼三层，前瞻中条，下瞰大河。唐人留诗者甚多，唯李益、王之涣、畅当三首能壮其观。"如李益的《同崔邠登鹳雀楼》："鹳雀楼西百尺樯，汀洲云树共茫茫。汉家萧鼓空流水，魏国山河半夕阳。事去千年犹恨速，愁来一日即为长。风烟并起思归望，远目非春亦自伤。"畅当的《登鹳雀楼》："迥临飞鸟上，高出世尘间。天势围平野，河流入断山。"这些都是历史上咏河中名楼的上乘之作。鹳雀楼几乎成了当时大诗人们赛诗的舞台，马戴、司马札、吴融等诗人都在此留下了佳句绝唱。只是在这些诗词歌赋中，王之涣的《登鹳雀楼》荣登榜首，清代诗评家认为，"王诗短短二十字，前十字大意已尽，后十字有尺幅千里之势"。现代诗评家认为，"王诗二十字，哲理深邃，囊括了世界上的两大规律，创造出一个高瞻远瞩、气吞山河、美妙绝伦的意境。前十个字写自然发展规律，后十个字为社会发展规律”。王之涣的《登鹳雀楼》不仅在国内成了千古绝唱，在国际上也是久负盛名，当今收入日本汉语课本的五首唐诗中，这一首居于榜首。

改革开放以后，湖北省武昌市的黄鹤楼和江西省南昌市的滕王阁相继得到修缮，中国古代的四大名楼仅剩鹳雀楼还没有修复。为此，山西省委和运城市政府多次考察了解相关情况。鹳雀楼原高30多米，这在中国古代已经是相当高大雄伟的了，经过多方考察之后，新修建的鹳雀楼高57米多，加上底座高约74米。楼身面宽七间，进深五间，外观为三层四檐，内分六层。底层外有副阶周匝，四面出抱厦。最顶层屋顶为单檐歇山顶，面宽五间，进深三间，四面各出抱厦三间。1997年，山西省计委批准了鹳雀楼复建工程开工的报告，同年开工建设。2001年，主体工程完工。一座雄伟高大的仿古建筑——鹳雀楼耸立于黄河岸边，它再一次让“白日依山尽，黄河入海流”的美丽景色展现在人们眼前，再一次营造了“欲穷千里目，更上一层楼”这一令人神往的高远意境。

鹳雀楼修建好以后，中国古代的四大名楼又都站立在这块古老而又崭新的土地上了。鹳雀楼周边形成了一个以鹳雀楼为中心的黄河大拐弯处的旅游区。这里有《西厢记》故事的发生地普救寺，有蒲津渡与蒲州故城遗址，有国家森林公园五老峰，有舜帝故里、柳宗元故里和杨贵妃故居，还有中国的武庙之祖解州关帝庙、中国古代绘画艺术的殿堂芮城永乐宫，真是颗颗明珠，被黄河连在了一起。

在离鹳雀楼不远处，还有历史上颇负盛名的秋风楼。

秋风楼位于山西省万荣县荣河镇庙前村后土祠内，因楼内藏有汉武帝刘彻的《秋风辞》元代碑刻而得名，更因中华民族的皇天后土的祭祀而名垂千古。

秋风楼东依峨嵋岭，西临黄河湾，站在秋风楼上，黄河两岸的平原山岗尽收眼底。秋风楼高32.6米，这个高度与鹳雀楼原高度不相上下。由此可见，古代的建筑从高度来说，基本上就是三十几米，超过这个高度就难以建设。当时均是土木结构，没有钢筋水泥，土木结构的建筑如果太高的话，最底层因承受的压力太大，难以支撑，会出现大问题。所以，三十几米是古代建筑最科学也是最实际的高度。

后土祠是历代帝王祭祀后土的地方，据后土祠中碑文记载，远古轩辕黄帝在此扫地为坛，祭拜后土。从秦始皇开始，登泰山以祭苍天，返河东以祭后土，似乎成为许多皇帝上任之初的例行祭拜公事。因此，从汉武帝开始，这里就成了祭拜后土的神圣之地。

祭拜后土，企盼大地赐福于国、惠泽于民，是历代帝王最重视的国家大事之一。汾阴后土祠正式建庙始于汉文帝后元元年（前 163 年），元鼎四年（前 113 年），汉武帝改庙为祠，此后，武帝曾八幸汾阴祭拜，并写下了千古绝调《秋风辞》。由此而起，西汉的宣帝、元帝、成帝、哀帝和东汉的汉光武帝相继来此祭奠十余次之多。到唐朝，唐玄宗李隆基先后三次巡幸，并将后土祠加以扩建。到宋朝，宋真宗修缮了后土祠，使其基本上达到了最大的规模。

汉武帝的《秋风辞》是一代帝王吟咏出的脍炙人口的千古名篇，我们还是先来拜读一下：

秋风起兮白云飞，

草木黄落兮雁南归。
兰有秀兮菊有芳，
怀佳人兮不能忘。
泛楼船兮济汾河，
横中流兮扬素波，
箫鼓鸣兮发棹歌。
欢乐极兮哀情多，
少壮几时兮奈老何！

汉武帝是西汉很有作为的一代君主，他在位54年，承文景之治，对内实行轻赋安民，对外全力开拓疆土，励精图治，功绩颇丰。他统治的时期是西汉的极盛时期。

据祠内现存的元代碑文记载，一个秋天，汉武帝率领文武大臣，侍从嫔妃，乘坐双层楼船从夏阳东渡黄河至汾水，亲祀后土，在楼船上设酒宴，与群臣、嫔妃举杯畅饮，兴致所至，诗兴大发，感慨而作了这首《秋风辞》。

汉武帝是中国古代封建社会很有作为的一个皇帝。中国历史上有一个规律，即在位时间较长而且很有作为的皇帝，都企盼着能够长生不老，能够长时期执掌政权，把皇帝的位置一直坐下去。秦始皇如此，曾派徐福率领童男童女数千人，按照方士们的指点，乘楼船入海，去寻找长生不老之药。汉武帝如此，数次到后土祠朝拜，还亲自远赴东海（今渤海）碣石，以企得到神仙的垂怜照顾。唐太宗亦如此，他在50多岁还是壮年时，就企望延年益寿，长生不老，他宠信方士，炼金丹，派大臣多次寻访长生不老的秘方，西入印度，东至大海边，无所不用其极。康熙皇帝亦如此，时时派人与各国联系，寻访千年不老之秘方，老时感叹，还想再活五百年，以生活在自己创建的盛世。

就在距秋风楼不远处，在山西万荣的县城中心，还有一座名声很大的古代高楼——飞云楼，万荣县当地的老百姓都说："万荣有个飞云楼，半截戳到天里头。"当然，老百姓们往往都会言过其实。

飞云楼位于山西省万荣县的东岳庙内，为纯木质结构，被誉为“中华第一木楼”。飞云楼为元代风格建筑，高约23米，全楼斗拱密布，玲珑精巧。此楼与山西北部的应县木塔并称为“南楼北塔”。飞云楼外观3层，内部实为5层，平面正方，中层平面变为折角十字，外绕一圈廊道，屋顶轮廓多变，第三层平面又恢复为方形，但屋顶与中层相似，最上层再覆以十字脊屋顶。飞云楼的整个楼体4层屋檐，12个三角形屋顶侧面，32个屋角，尽显精巧构思和建筑工匠的高超技艺，是中国古代木结构建筑的典型代表。

飞云楼的建筑结构与造型，完全属于元明遗风。清朝乾隆时期山西民间的一些营造技法，也偶有显现，这是历代不断维修的结果。其实，飞云楼始建于大唐盛世，相传，唐太宗李世民在高祖武德二年（619年），曾率师平叛，途经万荣县（古称汾阴），在张瓮、解店、古城三地驻军，许诺平叛成功后，均在三地修建楼宇、寺庙，以纪念平叛的胜利，告慰在平叛中做出牺牲的军民。历经沧桑巨变，张瓮、古城的楼早已毁于战火，唯有解店楼几经波折，修了被毁，毁了再修，至今仍屹立在解店（万荣县城）的大街上。

飞云楼所在的东岳庙，也就是泰山神庙，是祭祀东岳泰山之神的庙宇。《封神演义》第九十九回“姜子牙归国封神”中，“敕封尔黄飞虎为五岳之首”，并封为“东岳泰山大齐仁圣大帝”，所以这里供奉的就是东岳大帝“黄飞虎”。如今，东岳庙内东岳大帝的塑像早已荡然无存，只有几个主要建筑还保存完好。

以上我着重介绍了山西境内在晋南沿着黄河修建的三座古楼，这里面鹳雀楼是现代人仿建的，另外两座楼都是真正的历史建筑，是不可多得的历史文化遗存。在山西这块古老的土地上，老祖先们给我们留下了这么多遗物，留下了这么多丰富多彩的文化遗产。这些遗产向后人们展示着当年先辈们的追求、奉献和功绩。今天的人们通过这些遗产可以看见先辈们的功劳，中华民族就是这样一步一步走到了今天。

青龙古镇的传说

青龙古镇坐落在太原市尖草坪区与阳曲县的交界处，是一个历史悠久的古镇，围绕着青龙古镇有很多诡异的故事和传说。

青龙古镇原名菁蒿嘴，清嘉庆年间（1196—1820 年）改为现名。

青龙古镇因为处于太原至大同的路途中，自古以来一直是要害关隘。自宋朝以后，朝廷要往雁门关等关口运送兵员、运送武器粮草、押运银两都必须经过青龙古镇。青龙古镇的村民们因此获益颇丰，家家户户不是开客栈，就是开饭馆、开歌肆酒楼、开当铺钱庄，边关前线兵员需要的一切，这里都有。而且，这里全国各地的人都有，兵员自然不用说，因为要就近调动防守的军队，自然而然北方人居多，押送、运输军队后勤补给的就各地的都有，尤其是湖广地区、江淮地区的居多。至于歌肆酒楼里面人员的成分就更复杂了，有逃难躲债的，有避仇亡命的，有逃婚寻亲的，反正各色人等都有可能躲避在这等风月场所，寻找一时的安宁，度过艰难的岁月。

中国古代在人口管理上有比较严格的制度，如人丁管理的保甲制度，但在一些人口流动较大的地方，这种制度就很难落实了，青龙古镇正是这样的地方。

青龙古镇上王姓人家居多，这和太原王姓人家居多有关。王姓始于太原也就是早先的晋阳，王姓的先祖字子乔。在这里，我就讲讲青龙古镇上三户王姓人家的故事。

先讲讲第一个故事。

这一户王姓人家是在明朝末年迁入青龙古镇（原菁蒿嘴）的。这户王姓人家人口多，家大业大，在当时是一个富有的大家庭。这家人很快就在青龙古镇（原菁蒿嘴）盖起了院落房舍。里里外外几座相连着的院子很有气派，中间是主人的大院子，一边是佣人住的小跨院，另一边是专门用作厨房的院子，这两边的院子都通过侧门与主院相通，后边是马棚和置放农具、大车的后院。山西好多地方的大户人家，都喜欢这样安排自己的宅院。这家人盖好了院子，紧接着就安排为儿子娶媳妇，传宗接代是那个年代普通农家的头等大事，哪一家也不会不重视的。

王家很快就在新院子里为自己的儿子举办了婚礼。婚礼那天，王家大宴宾客，全村人都来王家喝喜酒助兴，人们猜拳行令，喝得很是尽兴，村里的许多男人都喝醉喝倒了。真是好事成双，婚后王家的儿媳妇很快就有喜了，为了慎重，王家还专门从太原请来了老中医给号了喜脉，太原请来的老中医很肯定地告诉王家的长辈，儿媳妇怀的是个公子哥儿，王家的老人就等着抱孙子吧！

可是好景不长，就在王家老老少少欢天喜地地等着迎接新生命到来的时候，王家的儿媳妇病了。儿媳妇这一病不要紧，王家接连着请了周围的好几个有名的大夫，都未能治好儿媳妇的病，儿媳妇还是在怀孕几个月之后撒手人寰了。真是年头娶亲年尾埋，王家也没有办法，很快就把去世的儿媳妇安葬了。

就在王家办完儿媳妇的丧事后不久，王家的几个下人就发现王家的宅院里和周围总有点儿什么动静，而且，夜深人静的时候，在院子西南角还时不时地传来婴儿的哭声。这让王家人很是害怕。他们派了几个下人到院子外面去看，儿媳妇的墓地一切完好如初，根本没有人动过，院子周围一切和往常一模一样，看不出有什么异样。尽管安排下人查看过几次，这种动静似乎还有，只是常人难以觉察罢了。

这下王家人害怕了，他们怕更大的灾难降临到王家，于是，他们花了大把的银子，请了周边一个最有名的方士来看。方士到此后到处看了看，讯问王家的人："你们家最近一段时间有些什么情况呢？"王家的长辈把一年多来的事情详详细细地告诉了方士，方士告诉王家，你们家有大麻烦了！最近一段时间在你们家作祟的是"墓虎"，就是你们王家儿媳妇腹中的那个胎儿变的。方士告诉王家，世上分为"三界"：天上诸多神仙为天界，由玉皇大帝管着；人间如我等芸芸众生，由皇帝管着；下界就是阴间的众多鬼怪，由阎王爷管着。而这"墓虎"是"三不管"的鬼魅，非常厉害，无影无形，糟害乡里。为什么说它是"三不管"的鬼魅呢？是因为它既没有升天成仙，天上管不了；它还没有出娘胎，人间管不了；它没有出娘胎，便没有死亡，地狱的阎王爷也管不了。而且方士还说因为当时王家请的大夫，为了救王家儿媳妇的命，开的药方中既有治病的，也有打胎保大人命的，打胎就是要胎儿小命的，胎儿没有打掉，现在它成了精，还能饶过你们吗？你们还是赶快另请高明吧，另请能降住"墓虎"的能人吧！

王家人听了这番话，大吃一惊，才知道王家最近不安宁是因为"墓虎"作祟，王家人更害怕了。好在王家不缺银子，王家的几个长辈经过商议，决定按照方士的指点派出两路人马，一路上五台山，请了 18 位道行高深的和尚；一路去了北岳恒山，请了 18 位道行高深的道士，又从太原府、汾阳府分别请了 3 位名气大的方士。当请来的高僧、道士、方士齐聚青龙古镇（原菁蒿嘴），王家按照方士作法的要求，搭起祭台，请天神下凡，铲除妖孽，拿住“墓虎”。那一天，在和尚、道士的一片念经声中，方士打开王家儿媳妇的棺柩，用一根削尖了的粗壮的桃木桩子，从女尸的肚子上牢牢地钉了下去，直到把桃木桩子深深地钉进棺材底板里，方士又作法驱赶鬼魅，这才了结了此事。

后来，王家把自家周边的院墙加高加厚，每晚派人巡逻，院里中心位置设立佛堂，一些关键地方挂上法器，过了一段时间，王家才得以安宁。

第二个故事的主人公也姓王，因为这一家是青龙古镇（原菁蒿嘴）的老住户，人们常常称之为老王家。老王家不但是青龙古镇（原菁蒿嘴）的老住户，也是青龙古镇（原菁蒿嘴）最富有的一户，有大骡子大马，几挂大马车，有几十个佃户耕种着从老王家租来的几百亩土地。佃户们每年夏收、秋收以后都要给老王家交足够的租子，这些粮食就足以保障老王家过上体面的生活。但是，青龙古镇（原菁蒿嘴）的老百姓都知道，老王家发家靠的不是地里打下的这点儿粮食，老王家还有更挣钱的门路，老王家经商挣的钱比收租的收入要多得多。老王家从南方贩茶叶，运到关外去卖，再从关外换回毛皮，换回牛羊肉，换回马、牛、骆驼，运到黄河南面。老王家是批批能赚钱，趟趟不走空，这样几代人的时间就发展成了青龙古镇（原菁蒿嘴）远近闻名的大富户了。

明朝末年，农民起义遍及江北。李自成号称李闯王，在陕西、河南、湖北等省交界处组织农民起义，袭扰官军，杀富济贫，很快就扩大了势力，而且从山西南面渡过黄河，一路北上。明朝军队不堪一击，根本不是李闯王军队的对手，再加上山西境内官军本身有限，一听说闯王的人马杀过来了，官兵们望风而逃，官府很难组织起力量对李闯王的部队进行抵抗和围剿。青龙古镇（原菁蒿嘴）的老王家早就听过路的行人，多次谈起过李闯王的故事，老百姓讲的正面的事是“开城门、迎闯王，闯王来了不纳粮”，当然也讲了李闯王军队杀人放火、抢劫富人、霸占富人妻女的事情。但当李自成真真切切地站在王家老爷子的面前时，老爷子着实吓得不轻，老爷子尽管年事已高，也不得不满脸堆笑，跑前跑后地伺候着、应付着李闯王，生怕李闯王不高兴，对他们老王家人下狠手。

其实，这个时候李自成的心思根本不在这里，他的心思全在前方的战事上。李闯王的军队一路沿山西中间的河谷地带向北厮杀，另一路沿河北的平川北上，两路人马攻城略地，很快就要包围北京了。只要攻下北京，推翻明朝统治就取得了决定性的胜利，闯王李自成的心这个时候早已飞到了前方的战场上。李自成的指挥部在老王家的大院里驻扎了几天，也没有为难老王家的人，倒是老王家每天好吃好喝地招待着，不敢有丝毫的怠慢和一点点闪失。好不容易送走了李自成的队伍，自家除了多出了点银子、多杀了几头猪、多宰了几只羊外也没有什么损失。只是李自成的军队所打的“大顺”的旗帜给王家老爷子留下了深刻的印象：“大顺”——顺字前面三撇代表着水，水来了冲击力大，谁想挡也挡不住，可是水也走得快。王家老爷子只是敢想而不敢说，谁愿意与自己不相干的事情扯上关系呢？

此后好长一段时间，青龙古镇（原菁蒿嘴）的住户只是从南来北往的客人口中时不时听到李自成的消息：李闯王打下北京了；李闯王坐了天下了；牛金星霸占了皇宫里面的漂亮妃子了；闯王手下的牛金星和宋献策为争夺女人和财宝反目成仇了；吴三桂“冲冠一怒为红颜”了。反正什么消息都有，老王一家子也只是听听而已。

不知道过了多久，李闯王的部队又回来了，而且一看显然是打了败仗，退出了京城。李自成在青龙古镇（原菁蒿嘴）急急忙忙地只住了一夜。闯王带的人马远远没有北上时的豪气，个个如丧家之犬，好在他们刚从京城退出来，还没有抢夺青龙古镇（原菁蒿嘴）百姓财物的事情发生。这天半夜时分，李闯王把王家老爷子叫到大院外面，他悄悄地告诉王家老爷子，他从明朝皇宫里带出不少金银珠宝，他想把一部分埋藏在青龙古镇（原菁蒿嘴），因为清兵在后面跟踪追杀，他不可能带着这几十大车的宝物逃走。王家老爷子带着闯王李自成看了好几个地方，选好了一个地方后，由李自成带来的亲兵们亲自挖坑将金银珠宝埋藏好，李自成亲口与王家老爷子约定：三年内我派人来取，这些东西还是我的，我自然会给你一定的酬劳；三年内我不派人来取，宝物由你处置，与我再无任何关系。李自成同时表明，他会在老王家周围安插眼线，王家有什么不轨行为会有人向他报告的，王家只要规规矩矩地按照约定来办事就可以了。天一亮，李自成的溃军便撤离得无影无踪了。而在此埋藏宝物之事，青龙古镇（原菁蒿嘴）只有王家老爷子一人知道，而且也只有他一个人知道藏宝的具体地点。

第二天，王家老爷子不动声色地又到昨晚埋藏宝物的地方转了一圈，看看有什么遗漏和不妥。经过仔仔细细地察看之后，他发现没有任何问题。他决定从此以后决不在任何人面前提起此事，以防清军追查，以防小人作祟，以保家人平安无事。为了牢记这个地方，他带领下人种了六棵榆树，六棵榆树的连线形成一个等边三角形，其中有一个角指向埋藏宝物的位置，他又在埋藏宝物的地方和三角形这个方向的角之间，种了一棵大点的槐树。种完这些暗示埋藏宝物地点的树后，王家老爷子对此事才算真正放下心来。

时光如梭，三年时间很快就过去了，李自成自从离开青龙古镇（原菁蒿嘴）后再无任何消息。王家只是从过往的客商口中得知，李自成溃败之后，被清军追杀，在湖北西部的九宫山一带消失了，而且是消失得无影无踪，是死是活不得而知，是在尘世还是出家当了和尚，王家的人也得不到个就里，随着时间的推移，这件事慢慢被人们遗忘了。

又过了快 10 年时间，王家老爷子也 70 多岁了。眼看王家老爷子身体一日不如一日，王家的后人也迫切希望弄清楚埋藏宝物的具体地点。有一天，听说藏宝地附近的树被邻村的人偷偷砍了，王家老爷子很是着急，他让儿子套上马车，急急忙忙上了土坡，查看藏宝地点的状况。谁知一阵颠簸之后，王家老爷子口吐白沫，双眼上翻，一句囫囵话没说就断了气。

从此以后，在整个青龙古镇（原菁蒿嘴），只有王家的儿子知道李闯王在此埋藏有金银珠宝的事，但没有一个人知道埋藏的准确地点，也怪王家老爷子嘴太紧，对自己的儿子也没有说起过此事。从此以后，李闯王从明朝皇宫里抢夺来的这一大批珍宝，就完全没有了下落，只剩下一个藏宝的故事留传至今。

还有一个青龙古镇王家的传说，只是这个王家不是前面提到的那两户

◆ 青龙古镇（一）

◆ 青龙古镇（二）

王家，这个王家也是青龙古镇上的一个老住户，而且据说他的后人至今仍然住在青龙古镇上。这一户王家人丁兴旺，老爷子考取过秀才，青龙古镇上都称之为王秀才，王秀才一连生了四个儿子，四个儿子成家之后，又都生了不少儿女，多的五男二女，少的三男一女，都是老老少少一大家子人。

1900年，也就是八国联军进北京的那一年。当时，八国联军攻占了北京东面的通州之后，直扑北京城。慈禧太后带着光绪皇帝连夜从城西逃了出来，一路向山西境内逃跑。慈禧太后逃入山西境内几天之后，清廷派出了以洋务大臣李鸿章为首的代表团和八国联军议和，这个时候，慈禧太后也快逃到太原府了。慈禧太后一行从北面而来，马不停蹄地一路南下，车马颠簸、风尘仆仆地到了青龙古镇，看到青龙古镇一派郁郁葱葱，风水很好，护驾大臣于是决定在此暂住一日，让整个南逃的男男女女们休整上一天。

慈禧太后就住在王秀才家主院落西厢房的二层，这个二层是王家小姐的绣房，既安静又很安全，比周边的房屋都高出一大截，而且还有高墙围着，从院子外边根本看不见里面住的人。这几天正好王秀才家的老夫人带着小姐回娘家去了，所以院里人不多且很安静。慈禧太后住进这个院子里之后，也许同样是女人的缘故，她很快就注意到，这家女人们的头发梳得都很好看。派手下的宫女一打听才知道，原来这家的老三媳妇特别会梳理女人们的头发，她会梳几十种不同的发型，什么“一枝花”“二龙戏珠”“插花牛牛”“狮子滚绣球”，名堂很多，配上不同的头花非常好看。

宫女们都知道，慈禧本人特别喜欢梳头，喜欢在头发上做文章，大太监李莲英就是因为会梳头，而得到了她的赏识和重用，权倾朝野，不可一世。有的宫女就极力撺掇，让王秀才家的老三媳妇给慈禧太后梳梳头，好让皇太后也开开心，缓解一下离开皇城后紧张的情绪。第二天早上，王秀才家的老三媳妇儿奉命一大早就在二楼的门口候着，里面传话出来才敢进去，她认认真真地给老佛爷梳了个“二龙戏珠”的发型，老佛爷对着菱花宝镜一照，非常高兴，感到自己一下子年轻了十几岁，这半个月逃亡的苦累，一下子一扫而光了。老佛爷一高兴，就顺手把首饰盒里的一颗鸽子蛋大小的珠子，赏给了王秀才家的老三媳妇。

这一赏不要紧，屋里的几个宫女都面面相觑，原来，她们心里清楚，这颗珠子是暹罗国新近进贡来的一颗夜明珠。这颗夜明珠白天看着其貌不扬，跟普通的玉石没什么两样，但到了晚上，夜明珠便会放射出一种幽蓝色的光，光不是很强烈，但完全能把室内物品照得清清楚楚。后来有专家解释说夜明珠是具有磷光性的矿物，这种矿物在外来的能量激发下能发光。当外来的能量激发停止时，矿物的发光现象仍能保持一段时间。这颗夜明珠是外国进贡的，老佛爷也觉得稀奇，前几天玩赏了几次，顺手就放在首饰盒里了。这样稀罕的宝贝儿被老佛爷不经意就赏给了人，可能是老佛爷一时起意，宫女们生怕老佛爷事后回味过来又拿她们出气。

事后有宫女悄悄地告诉王秀才家的老三媳妇，那是一颗夜明珠，非常珍贵，是老佛爷最喜爱的宝贝儿，那天肯定是老佛爷一时没瞧准，才把这么珍贵的宝贝儿赏了你。王秀才全家上下心里都挺高兴，可又不敢出面打听这颗夜明珠的行情，问了一个宫女，宫女只说了句：值几十万两银子，反正比你们全家人的命都值钱！吓得王秀才家人再也不敢多问。

这颗夜明珠到底值多少钱？我用另外一颗夜明珠的价值来说明此事。历史记载，后来又有人向老佛爷进贡了一颗夜明珠，老佛爷仍然留下时常把玩。老佛爷归天以后，这颗夜明珠被放入老佛爷口中，用以保护老佛爷的贵体不腐。后来军阀孙殿英盗掘清东陵珠宝，最先用炸药炸开慈禧太后的陵寝，从老佛爷的嘴里抠出了这颗夜明珠。当全国老百姓和清室善后委员会抗议孙殿英的盗墓行为，要求严惩不贷时，据说孙殿英托人把这颗夜明珠献给了蒋夫人宋美龄。在蒋夫人的干预下，孙殿英才逃脱了被严惩的下场。孙殿英还托人，把从乾隆皇帝陵墓中盗出的一把乾隆最喜爱的宝剑送给了特务头子戴笠，让戴老板为自己说好话，以减轻对自己的惩处。尽管清室善后委员会要求严查此事的调门很高，一大批前清遗老为此向天哭诉，但在多方干预下，这件事最后也是不了了之了。这件事只是成了那个时期人们喝茶饮酒时的一大谈资笑料而已！

所以说，夜明珠是无价之宝，不但宫女说不出价值多少，就是古玩专家们也难以估出其价格。不管这颗夜明珠价值多少，王秀才家只敢暗中打听，绝对不敢明目张胆地打听，更不敢声张此事。王家老爷子已经明令，王秀才家从此以后不准再提及慈禧太后赏赐之事，慈禧太后一行人去了西安之后，王家无事，照常过着他们日出而作、日落而息的日子。

几年时间就这样平平淡淡地过去了。这中间，王秀才一家子中心情最不平静的是老三媳妇。当时，慈禧太后赏赐的是她，她拿回来这颗夜明珠时，他们一家并不认识，但当他们知道这是一颗价值连城的珠子后，她就再也没有摸过，准确点说是再也没有见过这颗宝珠。她知道老爷子不想再让她过问此事，也知道此事干系重大，一旦有什么差漏，全家人将永无宁日，甚至会搭上性命。她有想法，有怨言，但她不敢有什么非分之想。

一天深夜，王秀才家的院子里发生了激烈的争吵，因为是深宅大院，外边的人根本听不清，甚至听不到。第二天天一亮，镇子上的人们看见王秀才家的下人们被派出去好几拨，一打听，才知道王秀才家的老三媳妇出走了，而老三媳妇的丫鬟也不知去向了。镇里的几个好事者，在茶馆里喝茶的时候，分析此事，认为这件事与慈禧太后赏赐的夜明珠有直接关系。他们早些时候就听说了此事，因为世上没有不透风的墙，王秀才家里藏有夜明珠的事情，早就被王秀才家的丫鬟们给传得神乎其神了。

其实，最终结果到底是什么？王秀才家的老三媳妇是分得一大笔银子躲回娘家去了，还是没有得到任何好处赌气出走了？老三媳妇的丫鬟是真的出走了，还是已被王秀才家的人弄死了？夜明珠是仍然在王秀才家，还是出什么问题了？这些已无人知晓。只是王家从此以后一蹶不振，与早期住过老佛爷时的兴旺发达景象相差甚远了。

其实，外人对王秀才家的人何去何从并不关心，只是议论议论而已。大家伙儿关心的还是那颗夜明珠的最终下落，夜明珠在王秀才家谁的手里，谁就有可能成为大富豪。只是从此以后再也没有听到这颗夜明珠的任何消息，似乎夜明珠一下子不翼而飞，从世上消失了。

在没有修建铁路、公路之前，青龙古镇是山西境内交通要冲。去往忻州、大同乃至张家口的客商，去往京城、河北北部的客商都由此经过。省城太原往北送出去的呈报和京城下发的邸报都由此经过。自从山西境内修建了现代化的同蒲铁路、贯通南北的公路之后，青龙古镇才丧失了要冲之地的活力，慢慢萧条下来。

人来人往，时光流逝，如今的青龙古镇繁华不再，只留下一些古旧的大院和一连串的故事。

洪洞县广胜寺

洪洞县的广胜寺是个历史非常悠久的名寺，从古至今，围绕它的故事一直就没有断过，而且都非常有意义，时不时就会引起整个社会的关注。

广胜寺分为上寺、下寺和水神庙，以前这三个地方是不是同属一处管理，不得而知，反正现在是一处管理。这几个景点倒是都还很有旅游号召力，尤其是《赵城金藏》的出现，使洪洞县广胜寺的名气和地位都提高了很多，再加上霍泉和分水亭的故事，吸引了大量游客前来观光。

我们先来说说广胜寺的上寺，这个寺庙建于东汉，距今已有1800多年的历史了。上寺最有名的是琉璃塔。琉璃塔的塔身镶满各种颜色的琉璃，在阳光的照射下反射出夺目的光彩，显得非常高贵、美丽。在中国历史上只有一座琉璃塔能与之媲美，那就是北京香山静宜园的万寿琉璃塔，这两座琉璃塔可以说是中国古代传统建筑艺术的瑰宝。洪洞县广胜寺的琉璃塔建于元代，北京香山的琉璃塔建于明末清初，相比之下，广胜寺的琉璃塔比北京香山的“资格”要老好几百年。这让我想起了北京故宫的建筑，故宫的建筑大多是由琉璃瓦铺设镶嵌的。据历史记载，这些精美的琉璃制品主要来自我们山西。明清时期，山西有三四个地方向北京供应这种高档次的琉璃制品，以供皇家使用。

去英国伦敦游览过的人一定会注意到，在大英博物馆的中国馆内，陈列着三尊琉璃佛像。这三尊佛像并排而列，制作精美，宝像庄严，非常有皇家气派。在这三尊琉璃佛像的说明词上，明明白白地写着来自中国山西的字样。我在这里参观时，心里非常不是滋味，一方面，三尊制作如此精美的佛像来自山西，我很为我们山西的制作工艺感到骄傲；另一方面，这么好的中国古代文物，我们只能到英国参观，只能到大英博物馆拜谒，令人痛心。这个博物馆展厅里面的物品，件件都是文物市场上的精品、绝品，在前面两排的展品柜里，有一个举世闻名的“鸡缸杯”，那一年在国外的一个中国古代珍品拍卖会上，以 3 亿元左右的价格拍出。还有一件是元青花鬼谷子下山图大罐，图上的鬼谷子坐在一辆一虎一豹所拉的车上急急忙忙地下山，是赶去救他的徒弟孙膑的。在鬼谷子的众多徒弟中，有两个兵家，就是孙膑和庞涓；有两个纵横家，就是苏秦和张仪。他们分别效力于不同的国家。元青花鬼谷子下山图大罐拍卖了 2 亿多元人民币，在当时可以说是天价之交。

山西省洪洞县在历史上就是一个出产琉璃制品的地方，所以，在洪洞县的广胜寺修建一座琉璃塔是最正常不过的事情了。

我们再说说下寺。从霍山下来，首先映入眼帘的就是霍泉，一个六亩多大的水池中，水从中间五处泉眼汩汩涌出，当地人把这个大水池称作海池，海池深约两米多，四周较浅处长满了水草，整个海池波光粼粼，清澈见底，在中国北方的黄土高原上，让人似乎有了一种在南方水乡的感觉。人们都说山东省济南市的趵突泉令人印象深刻，但当你看到洪洞的霍泉时，你会感觉以前的认识是那么肤浅，真是“山外有山，天外有天”啊！

中篇小说《高山下的花环》的作者李存葆先生，丝毫没有掩饰自己对霍泉的喜爱，他在《霍山探泉》一文中写道：“洪洞的朋友告诉我，这池名叫海池，池北端有五股自古从未停喷过的神泉。我趋前寻视，果见在三株龙干虬枝的古柏下，有五股泉水从池底汩汩冒出池面，喷涌着，旋转着，宛如五朵硕大的白莲花在不停地怒放。我在海池四周凝睇，又见池内还有不计其数的小泉眼……这就使得霍泉既有济南趵突泉的壮伟，又有其珍珠泉的瑰丽。”

我还可以用另外一个事实来证明霍泉的不同寻常，全国许多地方的泉水都有过断流的情况，济南的趵突泉也不例外。有一年黄河中下游断流，导致趵突泉泉眼停喷，济南市上上下下都很着急，但也很无奈。后请来全国著名的水利专家会商，经过科学测定，得出结论，济南市的地下水与黄河有着很直接的关系，只要黄河不断流，并且保证一定的流量，济南市内的诸多泉眼便不会停止喷水。而山西洪洞的霍泉则完全不同，数千年来，这个泉水就没有停喷过，因为在霍山背后是太岳山脉，绵延数百千米的太岳山上林木繁茂，山上的天然次生林和灌木林地带都保护得很好，这也就有效地保障了霍泉的持续喷涌。

说到霍泉，不得不说一句，因为这股泉水，富裕了这方人，也因为这股泉水，引来了多少纷争和械斗。多少年以来，这一块土地是周边最富裕的地方，人们种小麦、种大秋作物，在池塘里养鱼、种莲菜，真是五谷丰登、六畜兴旺。但是，霍泉流域的水源纷争从来就没有停止过，而且是愈演愈烈。此事让地方官员非常头痛，历朝历代当地的官员都多次上报朝廷，多次受到训斥。唐贞元年间（785—805 年），洪洞、赵城两县百姓的争水械斗已经白热化，官府多次派兵弹压也难以平息下来。平阳府速召洪、赵两县县令拟定平乱之策，有谋士给出了一个匪夷所思的点子，点子出来后再征得两县士绅认同，广贴告示，付诸实施。实施这一天，知府命人在水神庙前架起一口大油锅，将锅中之油烧得沸腾，掷铜钱十枚于锅中，再命两县选出的壮丁，徒手从锅中捞出铜钱，捞得几枚便得几分水。

在全场几万民众的助威声中，只见赵城擢拔出的硬汉冲至锅边，猛地将手插进沸腾的油锅中，一下子抓出铜钱七枚。壮汉的整个右手臂瞬间被油炸得焦烂……

为赵城赢得七分水的汉子，被该县视为泽被一方的英雄，百姓们集资在水神庙一侧为其修建了好汉庙的生祠。自此以后，双方争水之事虽还时有发生，但大局已定。在霍泉往西不远处的霍水主渠道上，有一个横跨水渠的分水亭，亭下有铁柱十一根，泉水从中间十个宽窄相等的分水铁格中流出。三股水折身向南，流向洪洞的地界；七股水径直往西，流向赵城的地界。这一分水，跨越千载，时至今日，不曾改变！

一段分水的故事，一部争水的历史，造就了洪洞、赵城两县殊异的民风。洪洞县北边还有个霍州府，人们评论这三个地方的民风是：一旦发生了什么争执，霍县人是只骂不打，洪洞人是又打又骂，赵城人是只打不骂。而且在别的许多地方，一旦打架，但凡见到有人受伤流血，人们便会停止械斗，担心闹出人命来，而在赵城则是越见到血，打斗的人越兴奋，打斗得越激烈、越凶猛。在赵城还有一个心照不宣的约定，不论怎么打斗，打归打，斗归斗，双方都不报官。谁报告给官府，说明谁认输了，即便当时有官府支持，但终究不得民心，还是会输掉一切。

在广胜寺下寺旁边的水神庙里，有精美的元代壁画。这 200 多平方米的壁画，完成于元代泰定元年（1324 年），距今已有 600 多年的历史了。这些价值连城的壁画中，有几幅已被编入《中国历史》教科书。水神庙中的壁画，许多都是游客非常感兴趣的绝代佳作，如《祈雨图》《龙王降雨图》《敕建兴唐寺图》《唐僧回国图》《卖鱼图》等，而这中间最有价值的是绘于明应王殿南壁东侧的元杂剧图。这幅壁画宽 311 厘米，高 524 厘米，画中有 11 人，7 男 4 女，它形象地再现了一个民间戏班子正在登台演出的境况。画面上，生、旦、净、末、丑等角色皆备，行当齐全，多种道具和演员的戏装都与现在的戏装没有什么差别，精致的舞台布景，伴奏乐器鼓、笛、板等都已基本齐全。这些充分表现了元代的社会形态，具有十分浓郁的元代社会生活气息，是我们现今研究元代社会不可多得的珍贵资料，而且对中国戏剧的发展历史有着非常重要的研究价值。舞台上各个行当的区分、各种乐器的配置，舞台的设计、布置，舞台区域的安排都明白无误地展现在壁画上，这使得许多专门从事中国戏剧研究的专家对此非常感兴趣。

水神庙里还有一幅《卖鱼图》，可以称得上是精品中的精品。在这张图上，画师通过精准的画笔细腻而生动地表达了官员的肥硕和富足、百姓的贫穷和艰难。

要说广胜寺上、下两寺和水神庙的故事，前面我讲到的都还不是最精彩的，下面这个故事才是最有吸引力的。

在北京中国国家图书馆的珍宝库中，珍藏着一部书，这部书是国家图书馆的镇馆之宝之一，叫《赵城金藏》。我本人有幸去国家图书馆的珍宝馆里参观过此书，并与国家图书馆馆长开玩笑说，现在全世界各国都在倡导珍宝归还行动，而且有些国家还身体力行，国家图书馆能否带头把珍宝归还原来的主人，把这部《赵城金藏》归还给我们山西，他就回答了我三个字："想得美！"

据传，金朝熙宗皇统年间（1141—1149 年），潞州（今属山西长治）民女崔法珍为了表达自己对佛祖、佛教的虔诚之心，断臂化缘。她的虔诚之举感动了无数乡里百姓。后来，崔法珍把化缘得来的十几万两白银全部用于刻制一部经书。历经 30 年，在崔法珍和广大信众的支持下，这部经书刻制完成了。这部巨著共有 6980 卷，约 6000 万字。目前全世界只此一部，因而被视为稀世瑰宝。20 世纪 40 年代前此书一直收藏在洪洞县广胜寺，是广胜寺的镇寺之宝。因这里地属赵城，这部书又是金朝时期的《大藏经》刻本，所以史家称之为《赵城金藏》。

20 世纪 30 年代初，外界发现了广胜寺收藏的这个宝贝，就不断有人想方设法获取它。一个日本所谓的"东方考察团"曾经提出要以 22 万银元买这部书，遭到了广胜寺住持的拒绝。尽管如此，北京、上海等地的古董商人仍以高价收购，哪怕买到一册也好。重赏之下，必有勇夫。有个别胆大妄为者时而偷出一册两册，卖给外地的古董商人。为了防止丢失，防止可能出现的抢劫，广胜寺住持悄悄把这部书移藏到琉璃塔的顶层，并把琉璃塔顶层的窗户和上下通道全部封死，以防不测。

日本侵华战争全面爆发后，日军相继占领了洪洞、赵城和附近区域。日本人觊觎这个稀世瑰宝的野心便更加赤裸裸了，他们派人来侦查过广胜寺上寺周边的情况后，便决定派出军队来抢夺这部书。据传，一天晚上，正当日军准备派人来抢夺这部著名经书之际，广胜寺的住持迅速派人与我太岳区领导取得了联系。太岳区领导陈赓得知此消息后，迅速派了一个营的兵力，一部分去阻击日军，一部分到广胜寺紧急运走了这部经书。在太岳区领导的直接关心下，这部著名经书才得以保存下来。但是，在艰苦的战争年代，一切都难以平安完好地保存下来。当太岳区抗日政府把这部传世巨著抢回来之后，几经辗转，最后不得不把它封存在太岳区根据地的一个废弃的矿井里面，并且用砖石把井口完全封闭了起来。1949 年中华人民共和国成立后，当地政府派人把这几十箱子经书搬出来，并很快运往北京图书馆。当工作人员打开箱子和包书的包袱皮之后，不禁心痛不已，原来许多书因潮湿而粘连在了一起，且粘连的书占到全部经书的 60% 以上，真是令人扼腕叹息。为了抢救这部著名经书，国家从几个部门调来多位古籍揭裱专家，十数位专家连同他们的助手一页一页揭裱、一册一册处理、一包一包整理，前前后后经过 20 多年的时间，直到 20 世纪 80 年代初期，北京图书馆才完成了此项重大工程。

现在，这部距今已有 800 多年历史的国宝级珍品，作为中国国家图书馆的镇馆之宝，珍藏在该馆的珍宝馆内。当然，在上海图书馆、南京图书馆、北京大学图书馆、台湾“中央研究院”、山西省图书馆也都各有那么一至两卷，那已堪称宝贝了。这部书的刻印制作是在现今的运城市盐湖区解州镇静林山天宁寺完成的，书中汇集了安世高、鸠摩罗什、玄奘、义净等佛教早期的大德高僧，从印度、尼泊尔等佛教发祥地，带来并翻译的佛教经书。这部书内容涉及佛学、哲学、历史、语言、文学、艺术、天文、历算、医药、建筑等领域，可以说是全人类共同的财富。佛教界和文化界称之为“天壤间的孤本秘籍”，是无法估量其价值的国家“珍籍宝典”。

山西中药厂和安宫牛黄丸

山西中药厂（1973—1997）曾是山西省中药领域的老大哥，也是全国最老的中药厂之一。

“文化大革命”期间，整个北京城很少能够看到霓虹灯广告。偌大个北京城，只有北京饭店、北京同仁堂等几个极个别的地方有霓虹灯在闪烁，所以非常稀罕。北京同仁堂的广告牌上主题就五个字“安宫牛黄丸”，在最上面正反两边各标有生产厂家的名称，一边是“北京同仁堂”，另一边则标的是“山西中药厂”。北京同仁堂不用多说，现在产业和宣传都做得很好，在全国许多城市都开有多个分店，专门销售同仁堂的药品。山西中药厂则被卖来卖去，先是卖给陕西西安的一家药企，后又转让给鄂尔多斯的一家企业，反正产权早就归属他人，不在山西人手里了。

山西中药厂为什么建在太谷县？这里面有些很有意思的传说。

据说，当年八国联军进北京，慈禧太后带着光绪皇帝南逃西安，跟着慈禧太后逃离北京的大队人马中，有一批御医。这些御医，都是当时全国医药行业里的翘楚，是在全国名气都很大的医师。当慈禧太后一行人南行过了太原，进入山西腹地太谷县地界后，当时太医院的一个院丞（相当于副院长）就去跪求老佛爷，他说："臣已伺候了老佛爷一辈子了，现今老了，跑不动了。请老佛爷恩准臣告老还乡，就在太谷县当地安居吧。"慈禧太后虽然不十分情愿，但考虑到他年事已高，不得不恩准了这位御医的请求，并同意他在太谷县定居。这位院丞在清朝皇宫里当了几十年御医，收集了大量的药方，其中不少是流传了几百年的奇药方。在当时，收集医药方子、医疗书籍，学习前人或同行的技艺，是每个医生义不容辞的责任，也是他们本人超越前人、领先同行的需要。前人如此，古人如此，今人亦如此。

这位清朝的御医就带着他收集到的几百个药方，带着他为百姓医病的心愿在太谷县扎下了根。大家都清楚，明清两朝都定都在北京，北京的紫禁城见证了明清两朝500多年的兴衰史。紫禁城里的御医大多掌握着明清两朝的最高医疗技术，这一点应该是毋庸置疑的。在这位老太医收集的几百个药方里面就有安宫牛黄丸、定坤丹、六神丸和龟龄集药酒的原始老药方，而这些都是明清两朝几百年里经过实践证明了的经典药方，堪称传世之宝啊！

我们先说说安宫牛黄丸，有一次我在太谷县调研，和县里几位领导说起太谷县有什么好产品，我就说起了山西中药厂生产的安宫牛黄丸。我给他们举了几个例子：凤凰卫视著名节目主持人刘海若，到英国旅游时遇上火车出轨意外，大脑严重受损，英国医生在尽力抢救无效后，怀疑刘海若脑死亡，认为没有继续抢救的必要了。但她的亲人不甘心这样，就从北京包了一架专机直飞伦敦去接刘海若，并且请首都医科大学宣武医院的神经外科主任医师凌锋同机前往，接刘海若回国继续治疗。凌锋把刘海若接回宣武医院后，立即请了北京的几位老中医会诊，这几位老中医当即建议服用安宫牛黄丸，以迅速解决刘海若因一直多处出血带来的脑压高的问题，在减弱脑压后再进行手术治疗。正是按照这一治疗思路，刘海若慢慢恢复了意识，最终得以康复。正是安宫牛黄丸在减弱颅内压方面发挥了独特的作用，使得随后的各种治疗得以迅速实施。

安宫牛黄丸可以缓解因大脑外伤而引起的颅内出血、渗血、增压等状况。西医对这些状况只能开颅减压或抽取渗血，只能用手术处理，而中医则完全可以用吃药来解决，所以有人说安宫牛黄丸是能够“起死回生”的“灵丹妙药”，我是完全赞同这个观点的。

我的一个朋友的岳父也曾经历了同样的事情。一天上午，这位朋友的岳父忽然出现高血压引起的脑中风症状，口眼㖞斜，不能说话，他们一家人都很着急。这位朋友立即给我打了个电话，我很快帮他找到了山西中药厂生产的安宫牛黄丸，是早先生产的老丸药，虽然价格高点，但真材实料，药力正常。过了几天，我的这位朋友打过来电话，对我表达谢意，告诉我他的岳父正在慢慢康复，并且高度赞扬山西中药厂出产的安宫牛黄丸的神奇功效。此事又一次证明了安宫牛黄丸的惊人功效。所以我说安宫牛黄丸是可以“起死回生”的“灵丹妙药”，丝毫没有夸大其词，而是实实在在的赞美。

山西中药厂生产的定坤丹也是一味好药。它最早是供皇宫里面的嫔妃们服用的，普通老百姓是根本用不上的。后来从山西传入民间，由于其疗效显著，被誉为“妇科圣药”而驰名海内外。

山西中药厂生产的龟龄集酒曾是我国明清两朝皇帝的御用圣酒。中国民间一直有用中药材泡酒喝的习俗，用蛇蚧类动物或动物骨骼泡酒的也比较多见，但用来泡酒的药材能形成一个完整的中药配方的则很少见。龟龄集酒是用鹿茸、人参等近30味中药材配制而成的。这种药酒的主要作用，用现在的话说，就是促进新陈代谢，提高人体免疫力，补虚养颜，延年益寿。这在我们这个古老的泱泱大国，当年也就仅此一家，别无他人。清朝乾隆皇帝非常爱喝龟龄集酒，他曾经说道：“此酒乃补酒至尊。”乾隆皇帝活了 88 岁，不能说与常饮此酒没有关系吧！后来，尤其是改革开放以来，这一类的药酒也多了起来。许多后来者不惜花重金，天天在电视等媒体上做广告，为的是占领市场，大力销售自己的产品。我们山西在这方面不够主动，不但丢失了大片市场，而且有的时候还被一些造假者打得“鼻青脸肿”。但假的就是假的，山西中药厂生产的龟龄集酒一直于狂风暴雨之中，高举着自己的大旗，艰难地前行着。

那些年，各种补药、补酒风头正盛，电视上这类广告铺天盖地，用“轰炸”来唤起人们的购买欲望，来推销自己的产品。作为山西的企业，山西中药厂一直没有涉入其中，可能经营者秉持的是“酒香不怕巷子深”的老观念，也可能是经营艰难，拿不出更多的钱做广告。不管是什么原因，在现代这种商品充斥于世的社会状况下，不努力，不挣扎，不吆喝，是难以走出困境的。

警醒吧！山西的中药企业。

后　记

这本《谈古论今游山西》是我退休以后写成的。书中所呈现的 30 多处景点，皆为我十分熟悉的地方，有些景区的变迁，我还是亲历者。书中所记载的名人逸事、民间故事，坊间流传甚广。山西表里山河，文明久远。遍布全省的文化遗产及弥漫于其间的文化气息，无不承载着厚重的历史积淀，散发着清新的泥土芳香。感受穿越千年的文化印记，就是延续我们民族文化的血脉，就是守护我们的精神家园，而这正是我们中华民族生生不息、发展壮大的精神原动力。

在此，我要感谢山西晶炜科技有限公司的任先炜先生以及山西教育出版社的同志们，是他们的大力支持，才使得本书顺利出版。

赵晋蓉

2018 年 10 月

图书在版编目（CIP）数据

谈古论今游山西 / 赵晋蓉著. — 太原：山西教育出版社，2018.10

ISBN 978-7-5703-0071-6

Ⅰ. ①谈… Ⅱ. ①赵… Ⅲ. ①景点-介绍-山西 Ⅳ. ①K928.702.5

中国版本图书馆 CIP 数据核字（2018）第 225335 号

谈古论今游山西

TANGU-LUNJIN YOU SHANXI

责任编辑 张 平
复　　审 康 健
终　　审 杨 文
装帧设计 薛 菲 张 瑜
印装监制 蔡 洁

出版发行 山西出版传媒集团 · 山西教育出版社
（太原市水西门街馒头巷 7 号 电话：0351-4729801 邮编：030002）
印　　装 山西人民印刷有限责任公司
开　　本 720×1020 1/16
印　　张 13
字　　数 186 千字
版　　次 2019 年 6 月第 1 版 2019 年 6 月山西第 1 次印刷
书　　号 ISBN 978-7-5703-0071-6
定　　价 60.00 元

◆ 广胜寺琉璃塔

◆ 荷叶坪天池

◆ 介休绵山

◆ 广胜寺元代壁画